U0804039

『看懂中国字 读懂中国心』系列

汉字中的生活之美

王元鹿 主编
刘悦 著

文匯出版社

图书在版编目(CIP)数据

汉字中的生活之美/刘悦著. —上海：文汇出版社，2013. 3

(看懂中国字　读懂中国心/王元鹿主编)

ISBN　978-7-5496-0584-2

Ⅰ. ①汉…　Ⅱ. ①刘…　Ⅲ. ①汉字-研究　Ⅳ. ①H12

中国版本图书馆 CIP 数据核字(2012)第 183106 号

出 版 人 / 桂国强
丛书策划 / 张　衍
丛书主编 / 王元鹿

○看懂中国字　读懂中国心○

汉字中的生活之美

作　　者 / 刘　悦
责任编辑 / 乔　聿
装帧设计 / 陈　芸

出版发行 / 文匯出版社
上海市威海路 755 号
(邮政编码 200041)
经　　销 / 全国新华书店
印刷装订 / 上海新文印刷厂
版　　次 / 2013 年 3 月第 1 版
印　　次 / 2014 年 11 月第 3 次印刷
开　　本 / 640×960　1/16
字　　数 / 150 千
印　　张 / 11.5

ISBN 978-7-5496-0584-2
定　　价 / 24.00 元

上海文化发展基金会图书出版专项基金资助项目

序

王元鹿

有一件美好的东西，日日与您为伴，日日为您服务，您却常常忽视了它的美——内在的美与外在的美，这就是汉字。

汉字是我们伟大祖国的宝贵遗产之一。如果说到汉字的特点与特色，一言以蔽之，就是美。汉字的“美”包含了使汉字得以产生与发展的客观环境的美——有物质的美、精神的美、逻辑的美还有大自然的美。汉字的“美”也反映在汉字自身的构成与形态上。造字方法的精巧，文字姿态的曼妙，都令人赞叹不已。

汉字的“美”有其历史过程。如以甲骨文的产生为起点，汉字至少已有三千多年的历史。何况甲骨文其实还不能算是汉字的最早形态。然而，即便在甲骨文与早期金文中，我们已经可以领略其古朴与端庄，还可以理解通过其字形背后的古代社会的历史、文化与生活现象，乃至我们祖先的造字的智慧——这一切，都是美不胜收的。

今天我们使用的现代汉字，已经是几经变化的形体，多少已失去了它们的早期风貌，也不易推断出他们造字的依据。学者们的不懈努力，使我们逐步深入了解了古代汉字的来龙去脉，并进而通过古代文字的研究去搜寻我们祖先的生活状况及他们的精神风貌。可以说，从汉字看历史，又从历史来追溯汉字的渊源，既是一个科学研究的过程，又是一个欣赏文字美的过程。

必须说明的是，这套书是在参考古今许多文字学及相关学科专家的研究成果基础上写出的。限于丛书的体例，行文中引用或述及文字学专家或其他领域专家的观点与成果，一般不专门写出或注出他们的名字及这些著作的名称。在此，向这些专家致以衷心的谢忱。

美是需要去发现的。由于我们见惯并用惯了汉字，才使我们习以为常地不去注意其内部蕴藏着的美。这套丛书，就是鉴于此种情形策划设计的。从文字与文字相关的角度——语言、历史、文化、考古、文学等多个方面，全方位地挖掘并向读者展示汉字的美，是本丛书作者的美好愿望。如果读者随着我们的笔，在弄清一个个古文字的同时，进一步了解它们折射出来的中国古代社会历史与文化的方方面面，以及我们的祖先的思维特点与心路历程，这将是何等快意的事！

2012年7月写于华东师范大学中国文字研究与应用中心

Contents 目录

序 / 王元鹿/ 001

生活之形态篇 / 001

民“安”国泰/ 002
雨“井”烟垣/ 007
“弃”子之殇/ 012
“寒”是冷之极/ 016
开“门”闹市，闭“门”深山/ 020
“炮”制/ 025
面“麵”相觑/ 029
“浴”身洁德/ 034
别作深“宫”一段愁/ 039
邦家之“基”/ 044
以水为“监”/ 048
何方来“袭”/ 052

快“走”踏清秋/ 056

生活之物质篇 / 061

岂曰无“衣”/ 062

不知“肉”味/ 068

食有鱼——谈“鲁”/ 073

“醋”意千年/ 077

“豆”中“豆”/ 081

“履”痕/ 086

坐以待“币”/ 090

当年笏满“床”/ 095

陈年累“糟”/ 101

中国“袍”/ 105

风“斤”月斧/ 110

“席”卷天下/ 114

一“灯”照尽千年暗/ 119

生活之意趣篇 / 123

一字“弄”红尘/ 124

旷世“绝”俗/ 129

鉴“宝”/ 134

一缘一“会”/ 138

“常”道难寻/ 143

“介”然不群/ 147

日月见证下的誓言——“盟”/ 151

其“素”若何/ 155

土生土长的“艺”术/ 160

“剑”魂/ 165

“正”义/ 169

生活之形态篇

民“安”国泰

一个女子悠然地处于室中，这就是汉字的“安”。“安”，甲骨文作，是一个会意字，上部“宀”是房屋的剖面，屋檐下有两根立柱。屋内一女子优雅端庄地跪坐着，双手交叉搭于膝前。三千多年来，“安”保持着不变的姿态，安安静静地穿越历史来到了世人的面前。我们不禁要想，古人想以此表达怎样的初衷呢？室中有女是有女则家安的哲理，还是金屋藏娇的梦寐？

我们的遐想多为脂粉，而现实常常是灰头土脸的。回溯到汉字的本源，我们会发现很多字最初想表达的无非是古人最基本的生活需求。原始游牧社会时期，多掠夺婚。掠夺婚又称抢婚，是男子以暴力劫掠女子为妻的婚姻制度。掠夺婚在很多字中都有表现，如“妻”（）是一蓬头的女子，这就是那个抢来的新娘。"娶"即取女，抢到女人就是娶。"婚"是取女于昏时，因昏时便于掠夺。所以女子躲入屋内是比较安全的，这是"安"所要表述的最初的意义。

三千年过去了，最初的"安全"之意已漫溢开来，"安"字的意义逐渐丰富。如果选一个字作为中国人生活的概括，那么无疑"安"字是最合适的。安是千百年来中国人的需求和梦想，安也是中国人性格的基本元素。

中国人一生的需求都与"安"有关。人活着首先要安身立命，然后求安家立业，然后再求安居乐业，最终求入土为安。在精神上求心安理得没有愧疚，在生活上求有个安乐窝，安安稳稳地过一辈子。这些理念如同祖训般传承了一辈又一辈。

在内心的深入，"安"是不变的渴望和祝愿。平安的祝福被重复了千百年，但没有人会觉得这是多余的。所以，在中国，尤其是古代的中国，请安就成为一件很重要很日常化的事情。

平辈人见面打拱作揖

引自《晚清遗影》，史革新等著，山东画报出版社，2000 年。

日常生活中的请安，是一种礼节，是卑幼对尊长起居的问候。古人讲究礼仪，对父母尊长要早晚请安，过年过节时请安更为隆重。古人请安往往是拱手高举，自上而下的相见礼，即"长揖"，这是不分尊卑皆可使用的礼节。除了"长揖"之外，较为重要的请安礼节还有"拜"、"叩首"等。《礼记》中记载：商朝末年，周文王为世子时，特别孝顺父母，每天三次去陪侍父母，早晨公鸡刚打鸣就穿好衣服到父母的寝门外，问昨日父母的就寝情况，然后陪父母早餐，在席间问父母寒暖情况，饭后问饮食情况。后因以“问安视膳”作为孝子侍奉父母的行为典范，即每日必问安，每食必在侧。

明清时期的请安礼也很有代表性，这种请安礼原是明代军礼中的一项，见于《大明会典》。本来，兵士见到上级军官应该下跪，但因为身有甲胄，不便下跪，于是只屈一膝或半膝，称为“屈一膝”。久之，不穿铠甲时也以屈一膝为礼，并和叩首、打恭一样，含有问候请安的意思。在清代，八旗人家和部分汉族官宦人家，晚辈见长辈、平辈中幼见长、奴仆见主人、至亲友相见，都行这个礼，所以“屈一膝”又叫请安。

若是子女不在父母身边，则会竹报平安。竹报平安的“竹”原本指信。早在汉代，人们通信时会用一尺长的两块竹筒，竹筒内写信，竹筒外写地址和姓名，然后用绳子捆扎，用泥封上。“竹报平安”后来又衍生出了另外的传说。因竹子燃烧时发出的爆裂声，可以驱逐野兽，也可以驱除魑魅魍魉。所以人们在过年或一些重要场合，常举行公众性的爆竹仪式，然后互道平安。爆竹退鬼的手段与仪式，逐渐演变为中国人除旧岁迎新年的传统习俗，直到人们发明火药并用它做成替代爆竹的燃响物后，仍管它叫“爆竹”。“竹报平安”就成为了一幅瑞图，除表示辟鬼驱邪祝颂升平外，还可为节庆活动增添喜庆气氛。

竹报平安

引自《中国传统吉祥图案》，乙力主编，兰州大学出版社，2004年。

“安”是中国人的性格和命运。在中国人的性格中有这样一些类型：

一种类型是安于现状型。中国人尊崇中庸之道，小成即满、小富即安，容易满足，不思进取。“安分守己”、“安贫乐道”、“随遇而安”在许多人的字典里是褒义词。然而，“怀与安，实败名”，这是晋国公子重耳的妻子姜氏劝夫励志的千古佳话。重耳因家庭之乱流亡到齐国后，齐桓公给他娶了妻子姜氏，还送给他二十辆马车。重耳一时安于逸乐，忘记了复国大志。齐姜氏以上面的话劝重耳，指出怀恋安逸的生活，贪于享受，是会败坏功名的。中国人安于现状的集中表现是安土重迁。中国人重视家庭，讲求孝道，中国的社会结构以宗族、血缘为主，因而形成了丰富的姓氏文化和强烈的地缘认同。中国人的词汇中的“籍贯”、“落叶归根”、“认祖”等都反映了这一点。另一方面，安土重迁跟社会结构直接相关，中国农业社会的生活模式决定了人们有很强的乡土观念。若迫于无奈而迁徙，安于故俗常成为安土重迁的延续。

一种类型是安步当车型。安步当车与安于现状不同。安步当车是一种淡泊，而淡泊是一种境界。“晚食以当肉，安步以当车。”这是春秋战国时期颜斶对齐宣王说的一句话。意思是吃不起肉，就推迟吃饭时间，等饿厉害了再吃就好比吃肉一样香了；没有车坐，步行时只要走得安稳些，就好比坐车一样舒服了。这是颜斶在面对齐宣王提出请他出仕做官的利诱时，表示出的漠视，也表明了自己淡泊名利、随和从容的人生态度。后来宋代的大文豪苏东坡将此改为了一个养生的良方：“无事以当贵，早寝以当富，安步以当车，晚食以当肉。”

在《论语》中孔子曾告诫弟子：“君子食无求饱，居无求安。”君子是求学求道之人，好学君子在生活方式上必然是食无求饱，居无求安。在古代的先哲看来，注重追求物质上的安饱，便容易因陷于物欲而失其应有的向学之志，生活上的俭是修身正心的必要途径。在汉代，有一年洛阳大雪，很多人外出乞食，而有个叫袁安的书生，饥寒交迫，僵卧家中，但坚决不愿去乞讨。洛阳令看到了，认为这是个有贤能的人，于是举为孝廉，任命为阴平长、任城令。这是一个幸运的读书人，他的幸运来自于他对操守的坚持。

古代的统治者为求安定也是煞费苦心。历代帝王泰山封禅祭祀，祈愿国泰民安，由于“泰”字除训有“大”意外，也包含“安”意，雄浑磅礴的泰山成为体现国家民族安定的最佳载体，泰山安则天下皆安。儒家的治国观念极其强调“安”。孔子指出“不患贫而患不均，不患寡而患不安。盖均无贫，和无寡，安无倾。”这是强调国家安定的重要。老子提出的“安其俗，乐其业”，孔子提出的“修己安人”，又都指出了求“安”的途径。这些观念是儒家思想的核心，对于现代的平家治国安天下也是极有启发意义的。

由一家一己之安到国家民族之安，“安”的范围在扩展，意义在丰富。“安”字在中国人的心中渐渐长成了一棵枝叶繁茂的大树。

雨"井"烟垣

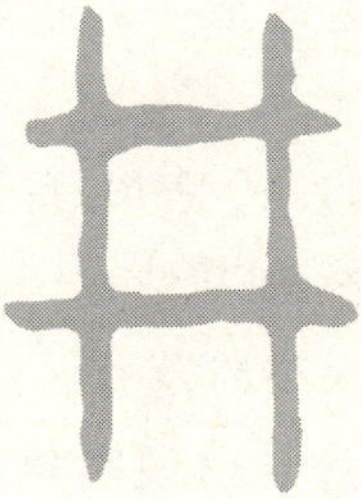

对中国人来说，井是一种文化，是一段历史。曾经的繁华富庶、歌舞升平，被历史的风尘裹挟而去，只余下口口幽井，一如古人不甘的悬望。在荒郊野寺中，在败壁颓垣下，孑守荒芜的枯井，沦于无边的落寞与沧桑，恍若被历史遗落的一枚印章。

在遥远的上古时代，井本是古人狩猎的智慧之举。为了能够更便利地抓捕到猎物，先民们在野兽经常出没的地方挖一些深坑，坑中设置兽夹、排签等机关，上面横直架四根木棍，青枝绿叶覆盖，造成假象。受惊吓的野兽慌不择路，掉进坑中。甲骨文"井"字作，又作，从麋从井会意。井的本义是捕兽的陷阱。

远古时代先民们是逐水而居的，人们对水的依赖不次于土地。但河水一涨，便易遭灾。这样，人与水之间，远则人生怨，近则水不训。面对大自然的束缚，总是会有智者站出来改写历史。我们常说“吃水不忘挖井人”，那个首当不能被忘记的挖井人就是伯益。《吕氏春秋·勿躬篇》云：“伯益作井”，这是我国最早有文字记载的凿井人。自伯益发明了凿井技术，人们便减轻了对河的依赖，不必近河湖而受水灾的威胁。《淮南子·本经训》说：“伯益作井，龙登玄云，神栖昆仑。”用神话的语言来形容水患的减轻。

当然，井由伯益发明这只是个传说，从甲骨文字的“井”字为“阱”可以推测，后来的水井很有可能是人们在挖陷阱时的一个发现。挖地可以得水，这比捕获猎物更让先民们兴奋。金文“井”作，井中的一点表示瓦罐或木桶等汲水的器物。孔颖达曾指明：“古者穿地取水，以瓶引汲，谓之为井。”

汉字的“刑”，金文写作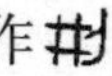，左边是井，右边是刀，许慎解释为：“刀守井也，饮之人入井，陷于川，刀守之，割其情也。”意思是拿着刀守护井，来取井水的人很多，往往人井争水，结果纷纷落井。用刀守护于一旁，取水人畏惧，不敢放肆取水，只得排队，守秩序。这说明早期的刑罚、法律的制定是为解决取水的纷争的。对争井水的问题，历史上处理最好的要数《三国志·魏书》中所记载的管宁，“宁所居屯落，会井汲者，或男女杂错，或争井斗阋。宁患之，乃多买器，分置井傍，汲以待之，又不使知。来者得而怪之，问知宁所为，乃各相责，不复斗讼。”

有了水井，人们可以在井周边筑房，住所固定下来。《击壤歌》中唱到：“日出而作，日入而息；凿井而饮，耕田而食。”这是当时劳动人民自食其力生活的真实写照。殷周时，官府将每方土地按“井”字形划分九个区，正中间那个区是公田，其他八块土地为私田，这也就是后来盛极一时的井田制。《诗经》中唱到“雨我公田，遂及我私”，意思是快快下雨吧，下雨时先浇到中间的公田，然后再浇到我个人的私田。这是怎样的一种境界啊，恐怕统治者听到

汉代辘轳井
引自《中国古代发明》,常秉义,中国友谊出版公司,2002年。

了会不好意思吧。在雨水不足时,只好靠井水补足。井田制这种格局也就形成了八家共用一井食用和灌溉。东汉许慎《说文解字》"井"字条目内有"八家一井"、"八家为井",即是据此而注的。

宋代柳永的词在平民中广为传唱,"凡井水处皆能歌柳词",正道出了井在平民生活中的重要。《字汇·二部》:"井,市井。市,交易之处;井,汲之所。古于汲水处为市,故称市井。"张守节进一步指出:"古人未有市,若朝聚井汲水,便将货物於井边货卖,故言市井也。"聪明的商贩爱到井边人多的地方去卖货,因而井周围逐渐形成了比较集中的买卖场所,这样就形成了中国古代的商业特色"处商必就市井"。市井成为了商业的代名词。在中国古代重农轻商,商人地位低微。《史记·平准书》:"孝惠、高后时,为天下初定,复弛商贾之律,然市井之子孙,亦不得仕宦为吏。"

随着市井范围的扩大,市井发展成为了城市的代称。《孟子·万章下》:"在国曰市井之臣,在野曰草莽之臣,皆谓庶人。""市井小人"、"市井之徒"本指做买卖的人或街市上没有受过教育的人,后来泛指城市中庸俗鄙陋之人。

在古代,民间多借助于井来藏物保鲜,井被作为保鲜柜加以利用。相传三国时的名将张飞,曾在涿州城内以卖肉为生。清代《坚瓠记》说张飞"其买卖止于上午,至日午,即将所存悬肆旁井中,举五百斤大石掩其上,任有势力者不能动。"

在古代战争中,井扮演着极为重要的角色,古代军中设有专司水井的职务。《周礼·夏官》说:"挈壶氏,掌挈壶以令军井。"挈壶氏是司掌军井的官,军队行军到了宿营地，他负责在井边悬挂两壶、辔、畚四物。两壶，一为水壶，悬水壶以示水井位置；一为滴水计时的漏。悬辔以示宿营之所。悬畚以示取粮之地。同时，他还要负责保护水井的安全，维持汲水的秩序。井是军队的生命线，在战争中，有时为了表示决一死战，会塞井焚舍，毁灭掉生存的底线，以蓄积最后的一搏。

在古代的大宅子中常有天井，即房子和房子或房子和围墙所围成的露天空地。站在天井的底部，感觉如同“坐井观天”。天井解决了古代建筑的采光问题，据说天井的设计还同徽州的经商传统有很大关系。按风水理论，水为财之源。经商之人，忌讳财源外流。天井能使屋前脊的雨水不流向屋外，而是顺水枧纳入天井之中，名曰“四水到堂”或“四水归明堂”，以图财不外流的吉利。

天井
引自《街巷觅趣》，曹永森著，广陵书社，2007年。

历史上的井，充满了浓重的悲剧色彩。《三国演义》里糜夫人在长坂坡为拒绝赵云冒死相救，投井而死；岳飞的女儿在得知其父冤死后投井自尽；甲骨文之父王懿荣在八国联军入侵北京后携其家眷视井为不归路。井如黑洞，吞噬了多少才子佳人、忠臣良贤。有些伤痛永远鲜血淋漓，我们永远缺乏探寻和回顾的勇气。

人心若井，难以参透。井也是出寓言的地方。井底之蛙的故事已是众所周知。还有一个与井有关的传说：从前有一个道士常去一家酒店喝酒。老板热情有加，道士心存感激。一日辞去时，告知店主说，他将出门一段时间，且从明日起，店后的一口井将变成酒井。第二天，那口井果然变成了酒井，店主因此发了大财。可日子一久，店主不满足了。他想，这酒井要是既能产酒，又能出糟养猪那该多好。又过了两年，道士回来了。店主赶紧把这一想法告诉了道士，求他帮忙。道士听罢，长叹一声。顺手在酒店墙壁上写下了一首诗，不辞而去。从此以后，酒井又变回了水井。其诗曰：天高不算高，人心比天高。井水当酒卖，还嫌不出糟。

井的故事如同井中的水一样，取之不竭，存之不盈，大道在焉。

“弃”子之殇

“弃”甲骨文写作，上部是一倒置的小孩，其身周有三个点，代表羊水，表明这是一个出生不久的婴儿。中间是一簸箕，下部是两只手。也有简写成、、等形体。金文中的“弃”也有繁有简，笔画繁复的如《散氏盘》中的，笔画简略的如《中山王鼎》中的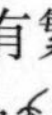。《睡虎地秦简》中的“弃”写作，这与篆文字形相差不远了。隶楷中的繁体“棄”应该就是从此演化而来的。而《汗简》中的“弃”作，楷书简体的“弃”是从该字演化而来。从“弃”最初的字形可以看出“弃”所要表达的意思是用两只手端着簸箕，将小孩倒出去。这个字形让我们感到匪夷所思，难道是要把刚出生的孩子扔掉？

再看字书中对此字的说解。《说文》：“弃。捐也。从廾（即双手）推毕弃也。”段玉裁注曰:“竦手推毕而捐之也。”李孝定《甲骨文字集释》中说:“(弃)字象纳子于箕中弃之之形,古代传说中常有弃婴之记载,故制弃字象之。”由以上说解可见,“弃”为弃婴是不误的。

在汉字中还有一个与之形似的字——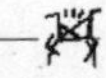,这是“粪”字的甲骨文写法。“粪”本表示扫除清理,像人手持箕,正在扫除尘土之形。因扫除的是脏物,所以“粪”字引申指粪便、污秽。当先民们把垃圾转换为小孩同样清理掉时,就让人瞠目了。无从理解先民们此举是对生命的漠视还是力有不逮的无奈。

文字是用于交际的,所以古人造字常以身边司空见惯的事物和现象作为素材,这样才能“视而可识,察而见义”。“弃”字的构形表明古人确有弃子的行为而且相当常见。据考证,在医疗和生活条件极其落后的上古时期,婴儿的存活率还不到一半。很多孩子在出生时因难产、疾病而夭折。古代婴儿夭折最普遍的埋葬方式是“弃葬”,也就是直接用草席裹着弃之于荒野。有些婴儿即使活着也会因性别歧视和迷信被丢弃。

弃子习俗在我国古代的传说、典籍中不乏记载。中国第一弃婴当数后稷,他在长大后被尧举为农师,后被舜命为后稷,掌管农业。后稷原名即为“弃”,这要源于他出生时被“三弃”的传奇故事。据说,他被生母姜嫄弃于隘巷、平林、寒冰,均受到生灵的庇佑,毫发无损地活了下来。弃好农耕,善稼穑,民皆效法。其后子孙繁衍,逐渐强大,是为周。弃后来成为了周人的始祖。弃婴式的英雄并非中国独有,古希腊神话中的宙斯、伊阿宋、俄狄浦斯等都曾一出生就被抛弃。弃婴似乎是世界先民们眼中英雄的共同出处之一。

后稷——弃
引自《图说土地文化》,吴晔著,中国大地出版社,2007年。

许多人依然无法直面“弃”是弃子的说解,一些善良的文字学家提出了图腾仪式的说法，猜测这是婴儿出生时的一种宗教仪式，但是这种仪式也太离奇和野性。倘若真是一种仪式，我们的惊悚会得到化解，惜乎现实中比这种猜测更为离奇和残忍的行为都是存在的。在中国的史书中曾载有杀首子的习俗。裘锡圭先生曾撰文《杀首子解》阐释这一怪诞的习俗。文中援引《墨子》的记述："……昔者越之东有核沐之国者，其长子生则解而食之，谓之宜弟。"裘先生指出在古代世界各地几乎都流行过献新之祭，即把田地上的第一批收获和头生仔畜等献给鬼神。献第一批收获于鬼神，是为了能平安地保有、食用收获的其他部分，并在来年继续得到新的收获。我国古代的杀首子习俗显然也应该解释为把头生子女献给鬼神。献首子当然也是为了以后能得到新的孩子，并使他们能够安全地成长。所以《墨子》说杀首子是为了"宜弟"，是很有道理的。有的学者认为"孟"盂字的构造也能够反映出古代有杀首子而食之的习俗。夏渌《释孟》说："古代民俗存在过'长子'、'首子'被解而食之的陋习，文字中用皿盛子，表示被食的'孟子'即'长子'、'首子'，'孟'从而产生'首'、'始'、'长'之意……"

或许是轮回的理念让先民们无畏地捐出了自己的长子，旦旦地营造着下一个孩子的命数。蒙昧时代极端浓厚的宗教迷信，对人的操控力之强大可见一斑。愚昧常包蕴着巨大的残忍，人类以身饲虎才推动了文明的些许前行。

抛妻弃子，历来被认为是男人罪状中最为滔天的，即使在男权社会中，也是罪不可恕的恶名。但是细分下来，抛妻与弃子对于男人而言实在是两个级别的概念，犹如搔痒与切肤。许是血缘关系的牵绊，子女是割舍不下的。但女人如衣服绝非传言。所以当文明进化到弃子已不多见时，抛妻依然盛行。在中国的文学作品中，弃妇始终穿行其中，撩起人们凄凄惨惨、怨怨艾艾的不了悲情。自最早有记录的《诗经》中的弃妇氓氏，到如今小三当道的煽情剧，弃妇泣诉了两千余年。晚唐刘驾的五言律诗《弃妇》很有典型性："回车在门前，欲上心更悲。路旁见花发，似妾初嫁时。养蚕已成茧，织素犹在机。新人应笑此，何如画蛾眉！"

中国古代酷刑林立，随便拿出一个来，就会令现代人心凉发麻。这其中的“弃市”还只能算是残忍指数一般的。弃市是在闹市中执行死刑并将犯人暴尸街头的一种刑法，是中国古代社会很普遍的刑法，秦始皇统治期间就开始有了。在闹市当众杀人可以起到威慑百姓的作用。宋代秦观《盗贼中》：“强盗得财满匹及伤人者輒弃市。”意思是说强盗盗取的财物价值超过一匹布，或伤了人，都要在闹市中处以死刑，并暴尸街头。唐朝的大酷吏来俊臣，被判弃市。《资治通鉴》记载“（来俊臣）弃市。时人无不快其死。仇家争啖来俊臣之肉，斯须而尽，抉眼、剥面、披腹、出心、腾踏成泥。”注意，这已是在被称为文化繁荣的大唐盛世，依然如此血腥的根源在哪里呢。

翻开史书，由弃婴到弃妇到弃尸，弃的斑斑血迹，罄竹难书。人性的温良敦厚遁形无迹，只余下狰狞的罪恶透过泛黄的帛纸诡谲而笑。

由弃婴到抛弃，“弃”的意义也在进一步泛化。如“弃人”指废人，“弃井”指废井，“弃甲”指战败，“弃捐”指抛弃。古代还用“弃觚”来特指抛弃文字工作，觚是竹简，古人用以作书，弃觚与投笔同义。

塞翁失马的故事让许多人把放弃虚幻为一种美丽的际遇。但这其中退而求其次和矢志已渝的无奈是挥之不去的。这里的“失”其实是一种“舍”。在古人眼里，舍与得是相辩证的。舍而不弃，是舍与弃的不同。舍是智慧的迂回，而弃是万劫不复；舍后仍有希冀，而弃后白云千载空悠悠；舍是一种禅悟，而弃是万念俱灰。当人们在酒肆阔论舍与得的哲理时，弃是门外流浪狗的眼神。

“寒”是冷之极

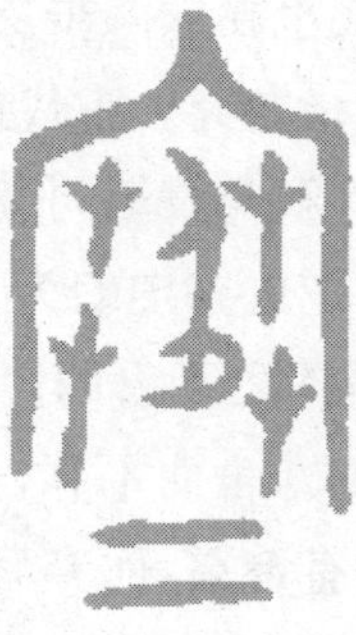

《列子·汤问》里说：“凉是冷之始，寒是冷之极。”在衣食不保，取暖无着的时代，古人饱受严寒的蹂躏，而这彻骨之寒似乎又难以言状。于是古人用一种形象而巧妙的方式把“寒”描画了出来。“寒”字金文、小篆的写法都是外面一“宀”，即房屋，中间一人，人的左右两边是很多草，人脚下的两点代表冰块，合起来表示一个人蹉曲在室内以草避寒，草下已结了冰。寒的凛冽不言而喻，让人感如身受。

由“寒”而构的词多充斥着寒意。如天寒地冻、寒冬腊月、寒噤、寒衾。寒是冬的属性，因而寒也成为了冬季的代称，如寒来暑往、寒暑易节。“寒

寒冷

引自《人民日报海外版》,佚名,2011 年 2 月 21 日第 5 版。

暄”本指冬季和夏季,一寒一暄代表一年,后来作为社交双方见面时谈天气冷暖的应酬之词,再后来寒暄也就不限于谈天气了。

寒冷的季节是一年中最令人煎熬的日子,在古时朝野文人雅士中,流行一种“九九消寒图”,简称“九九图”。古时“九九消寒图”的主要图式有“画九”、“写九”、“联九”、“诗九”、“圈九”等。“画九”就是从冬至这天起,画一枝素梅,枝上画梅花九朵,每朵梅花九个花瓣,共八十一瓣,代表“数九天”的八十一天,每朵花代表一个“九”,每瓣代表一天,每过一天就用颜色染上一瓣,染完九瓣,就过了一个“九”,九朵染完,就出了“九”,九尽春深。也有不用颜色染而直接在花瓣上用文字和符号注明阴晴雨雪的。这种别具一格的计日图历,是一项有趣的熬冬游戏。

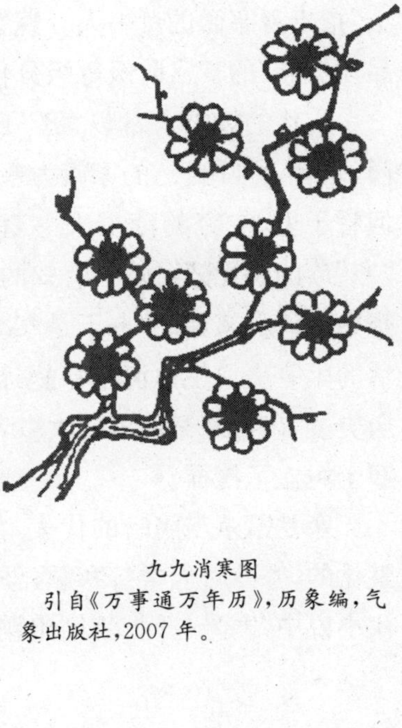

九九消寒图

引自《万事通万年历》,历象编,气象出版社,2007 年。

寒有一种横扫一切的杀伤力。自古至今，人们避之唯恐不及。寒可分为人身体感到的寒和人精神层面感到的寒。这二者看似有物质、精神之别，实则给人的打击是不分轩轻的。

古代的冬天相比现在应更为严寒和漫长。老话常说“腊七腊八冻死寒鸦”，就是说在一年最冷的时候，最耐冻的寒鸦都有可能被冻死。杨万里曾很形象地描画冬季的人们：“一檐衣裳都著尽，两边窗子更深关。耸肩缩颈仍呵手，无策能温两脚顽。”晋代的陈寿在《三国志·魏书·王昶传》中说“救寒莫如重裘”，意思是抵御寒冷没有比加厚的毛皮服更好的了。但细究起来，临寒索裘也只能是富贵人家所享有的。对于数米而炊的穷人而言，自然界的寒冷还不是最严酷的，否则不会发出“可怜身上衣正单，心忧炭贱愿天寒”的哀愿。杜甫的“朱门酒肉臭，路有冻死骨”痛斥的是酷寒，更是贫富不均的社会现实。

在中国的历史中贫穷是一种普遍存在，贫家多衣不保暖，所以寒又引申为贫困、卑微。如“寒门薄宦”指穷家小吏；“寒女”指贫穷家庭的女孩；“寒士”指出身寒微的读书人。魏晋南北朝时讲究门第，出现了“上品无寒门，下品无势族”的贫富阶级等级分化。荜门蓬户之俊，只能陆沉于荒烟野草。

古代的读书人常以“寒”自称，以示自谦。如称呼自己的家为寒第、寒门、寒舍，称呼自己的家族为寒族，称呼自己的妻子为寒荆。虽是如此称谓，但骨子里，贫穷的读书人一直在挣脱这个“寒”字，因为抛却谦虚的成分，“寒”族的确无耀可炫。有知的读书人与无知的穷苦人毕竟不同。后者的思想中也许贫寒如同“冬天是寒冷的”一样，几成定式。而前者怀揣着梦想，生活的困窘更迫使他们冬寒抱冰，夏热握火，刻苦自勉，改变命运。在中国的历史上，出身寒微而成就大事者不乏其人，如孟子、范仲淹等，这也为天下的寒士树立了榜样。

寒是萧杀与阴暗的代表，如同中医认为寒就是一种邪气。寒又是潜移默化的，寒冷时人常打寒颤，恐惧时人也颤抖，故寒又引申为恐惧、战栗。武侠小说中“寒光一闪，剑已出鞘”想必当事人胆战心寒，魂魄已消散了一半。

“良言一句三冬暖，恶语伤人六月寒”也可见恶语对人精神上的摧残如同寒。

在中国古代的节日中有一个很重要的节日——寒食节。关于寒食节的起源有不同说法。民间流传最广的说法是为了纪念春秋时期晋国的介子推。春秋时代，晋国公子重耳逃亡在外，生活艰苦，跟随他的介子推不惜从自己的腿上割下一块肉让他充饥。后来，重耳回到晋国，做了国君（即晋文公），封赏有功之臣。唯独介子推拒绝接受封赏，隐居山林，不肯出来。晋文公无计可施，只好放火烧山，逼其下山。谁知介子推宁愿抱木烧死也不肯出来。为了纪念介子推，晋文公下令在介子推遇难的这一天“寒食禁火”，举国上下不许烧火煮食，只能吃干粮和冷食。古代的人们都非常崇敬介子推的气节，“寒食禁火”的习俗，被后人流传下来，形成了寒食节这个特殊的纪念节日。汉代以前，寒食节禁火的时间较长，以一个月为期。整整一个月都吃冷食，对身体实在不利，汉代改为三天。从先秦到南北朝时期，寒食节都被当作重大的节日。唐朝时也仍然被作为全国性的隆重节日，不少文人墨客都写过关于寒食节的诗文。寒食节是在清明节的前一天，古人常把寒食节的活动延续到清明，久而久之，人们便将寒食与清明合而为一了。

开“门”闹市，闭“门”深山

生活中的门形形色色，宅门、府门、山门、庙门、官门、财门、牢门、空门、儒门……入必由之，出亦必由之。门在我们的生活中如此繁多，但概括一下也无非是门内、门外两种情形，开门可为闹市，闭门即为深山，一开一合，相去甚远。再进一步来看，门的开合，代表欢迎和拒绝，冰火两重天。闭门羹是谁也不爱尝的滋味。而对于主人来说，闭门可以酣歌、可以作诗、可以思过、可以造车，闭门后的确可以营造一片自由的小天地。从这个角度来说，门里门外代表着权限中与权限外，门又维护着社会的制度。不是所有的门都非得为你打开，也不是所有的门永远对你关闭。人的一生，选对门，适时进出门，就是大智慧。

“门”在甲骨文中为或，是象形字，由两扇门构成，或由两扇门加一门框构成。在卜辞中，“门”有用作本义，也有用作其他意义。用作本义的多表示宗庙宫室之门。如卜辞“王于宗门逆羌”（甲八九六），“岳于三门”（粹七三）。从“门”的本义引申表示“庙祊”之义。如卜辞中的“父甲门”（宁一·二〇一），此处实际上是以门代庙。还有用作地名的，如卜辞“贞叀门田不雨”，意思是在一个叫门的地方田猎。金文“门”作，篆文“门”是从甲金文“门”演化而来，作。到了隶楷阶段，就写成我们今天的繁体“門”字了。

提到“门”，还要说说“户”。“户”甲骨文作，《说文解字·户部》：“户，护也。半门曰户。象形。”户的基本特征是单扇小门，如《诗经·豳风·七月》载：“穹窒熏鼠，塞向墐户。”与此相对，《说文解字·门部》：“门，闻也。从二户。象形。”“户”从甲骨文到隶楷字形变化较大，而“门”的字形变化很小。在意义上，门与户有明显差别，在古人心目中双扇为门，单扇为户。后来门与户之间的区别逐渐消除，成为同义词，都泛指供出入的门。“门户”又常结合表示派别、门第、人家，如傍人门户、门户之见、自立门户等。

原始时代，门可以防止野兽侵袭，可以御寒；而后来的门，更多的是防盗贼，因而《释名》曰：“门，幕障卫也。”于是，人们进一步在门后横插一棍子，使门推不开，这就是闩。而开（開），像一双手抽拉门闩。夜不闭户，即是晚上睡觉不用闩上门，这是人们理想中的清平世界。如今各类防盗门大行其道，让人们感觉到夜不闭户几乎是一种虚妄。

古人言“宅以门户为冠带”，道出了大门具有显示形象的作用。在旧社会，门是富贵贫贱、盛衰荣枯的象征。封建时代讲究门阀制度，对宅门有着相当严格的规定，大到门的大小、样式、颜色，小到门上的装饰，都必须按照一定的规矩来，僭越不得。清朝初年，朝廷曾专门规定：王府“正门广五间，启门三”，贝勒府“正门三间，启门一”，公侯以下只能开一个大门。按照这种规定，宅门的大小显示了主人地位的高低。大宅门通常是官宦世家的宅门，通常门楼高巍，门扇厚重，精雕细刻，重彩辉映。皇家的门更为显赫，旧时天安门城楼的门，仅在皇帝登基、结婚时才打开，且中间大门只能皇帝走，文武百官侧门出入。宫门上巨大的门钉，横九纵九，九九八十一枚，如凸立的文字，处处彰显中国的传统文化。老百姓则是蓬门荜户或柴门扉户，门被打上了阶级的烙印。

大宅门（贾一凡绘）
引自《全国第三届钢笔画大展优秀作品集》，天津大学出版社，2009年。

一门之内所住常为一家人，因此“门”引申为“家”、“家族”、“人家”、“门第”等意思。如《三国志·蜀书·先主传》：“汝勿妄语，灭吾门也。”一个家庭的家风被称为“门风”；一个家庭的资望被称为“门望”，女子出嫁被称为“出门子”，男子常住女家被称为“上门郎”或“倒插门”。

门是一家人的出入之所，是家庭与外界隔离的第一道关口，因而老百姓们认为门关系到一家人的吉凶祸福，而老百姓重视某物的一贯表现就是为之神灵化，这样门也就相应地有了门神。门神经过先民们漫长时光的千图百绘，定稿为身披甲胄的模样。门神名单一长串，从神荼和郁垒，到秦琼和尉迟恭，以及钟馗、魏征、姚期与马武，还有关羽与张飞、焦赞与孟良……门神是民间共同信仰的守卫门户的神灵，人们将其神像贴于门上，用以驱邪辟鬼，卫家宅，保平安，助功利，降吉祥。

贴门神

引自《古代风俗百图》，王弘力著，辽宁美术出版社，2006年。

通常门庭赫奕之家都要设有门楣，门楣是正门上方门框上部的横梁，其上按照品级涂以油彩或图画并镌刻上题字，这是一家人的祈盼和信仰的一种直观表达。门楣是家族的标志：周时樊仲甫辅佐宣王中兴，因此，樊姓的人家就在自己的门楣写上“补衮世家”。五代王祐想让子孙贵为三公，植三槐于庭，王姓的人家门楣题字则是“三槐世泽”。门楣又是权贵的标志。光绪年间党蒙曾在翰林院任职，古代称翰林为太史，于是，党蒙家的门楣题字为“太史第”。明万历年间，薛同术、薛之屏父子均作过知州，知州地位相当于太守，而太守古称五马，于是薛家的门楣上写着“十马高轩”。对普通老百姓而言，门楣题字往往是他们信仰的标志。“耕读第”、“勤俭居”、“平为福”、“树德门”、“宝善居”，这些传统格言，人生哲理，连同整个宅院一起，成为子孙后代的财富。

门，还演绎出种种五彩斑斓的民俗文化：除夕门上贴春联与“福”字，正月初一贴鸡于门、破五送穷出门、上元节张灯祭门、清明门插柳、谷雨门贴符禁蝎、蚕月昼闭门、端午门悬艾菖、伏天城门磔狗、七月半门上挂麻谷、茱萸酒洒重阳门、冬至门上糯米圆……如此之多的民俗文化簪在门楣、门扇上，

大夫第门楣

引自《江南大宅门：卢宅》，林煜著，上海文艺出版社，2006年。

增添了一道又一道门前风景，给今人留下了韵味绵长的品味。

除了现实中的门，中国的门又派生出丰富的意义，如龙门、天门、鬼门关等。如以“鲤鱼跳龙门”的故事比喻中举、升官等飞黄腾达之事，后又用作比喻逆流前进、奋发向上。“七夕天门开”的神话表现了超越自我的渴望和对美好生活的祈盼。中国的门，还编造出“鬼门关”的迷信，吓唬愚昧的胆小鬼。鬼门关是神话传说中阴曹地府的一个关隘。中国民间相传农历七月是“鬼月”，七月十五日（又说七月十四日）是“鬼节”。在每年的这一时候鬼门关就会打开。后“鬼门关”常用来比喻险恶的境地或死亡的边缘。

其实，门的意思还有很多，《汉语大字典》中就列了18个义项，《汉语大词典》中列了29个义项，绝大多数是中性含义。而时下，伴随着各种“门事件”的层出不穷，“门”又成为了一个很红的网络热词，什么“艳照门”、“天台门”、“建桥门”、“粗口门”、“尘肺门”等等。这些以“门”字冠名的事件多是丑闻或多含贬义，“门”字在这些词中的语义显然发生了演变。为什么会如此呢？追根溯源，它与“水门事件”密切相关。“水门事件”指美国共和党在1972年总统竞选中非法活动的政治丑闻，因该丑闻事件发生在美国民主党总部——水门大厦而得名。自此之后，人们把与其类似的政治丑闻大多都冠以“门”字。后来“XX门”又被引申到更广的范围，现在已不仅仅局限在政治上，而是代指任何新发生的丑闻或新闻。

"炮"制

汉字中有很多含"灬"的字，这个"灬"多数情况下指的是"火"。如"羔"字，甲骨文写作，由（羊）和（火）组成。"羔"最初指把羊放在火上烤。又如"焦"，"焦"金文写作，由一只小鸟和一团烈火组成，像鸟在火上的样子，最初表示用火烤小鸟的意思。由此可见，我们的祖先很早就爱使用火烤即炙的方式制作食物。《诗经》中多次出现"炰鳖"一词，即烤甲鱼，是宴饮中的一道大餐。这里的"炰"字，现在写做"炮"。

"炮"的小篆字形作，《说文解字》："炮，毛炙肉也。从火包声。"本义是把带毛的肉用泥包裹住放在火上烧烤，"包"兼作义符，会包裹之义。《礼记·礼运》"以炮以燔"，汉郑玄注："炮，裹烧之也。"张舜徽在《说文解字约

注》中进一步说明:“上古始有火化,惟知取已杀鸡豚裹烧之,故炮炙之事为多。今俗犹有以黄泥涂鸡豚之外,置火中煨之者。迨泥乾坼裂,以手破之,则毛与泥俱脱落而肉熟矣。今人称为烧烤,即古炮炙遗法也。”

南方有个著名的叫化子鸡,就是把未煺毛的鸡掏出内脏,放入香料,用湿泥裹上放在火里烧,等到了泥巴焦干的时候,取出摔开,毛粘在干泥巴上自然煺去,肉烂香熟。现在的荷叶牛柳、锡箔纸包鲈鱼都是炮的遗风。这样做,能够保持食物的本味,水分不散失。后来“炮”的这种加工的方法,也就是“隔火做熟”或“榨去水分”的方法逐渐被广泛应用,隔火的介质也由泥巴逐渐变成陶罐、石锅、砂石、铁板等等。我们经常吃的葱爆羊肉、宫爆鸡丁、铁板烧等等,在古代都被称作炮。在古文献中可以看到“炮食”指烧烤食物;“炮焨”指烧炙;“炮燔”指烧烤;“炮豚”指烤猪;“炮羊”指烤羊;“炮胾”指烤熟的肉块。“炮凤烹龙”是以夸张之笔来形容菜肴顶级珍奇、丰盛。

商朝的暴君纣王,曾发明了一种酷刑,叫“炮烙”。《史记·殷本纪》记载:“百姓怨望而诸侯有畔者,于是纣乃重刑辟,有炮烙之法。”炮烙具体的行刑过程,有多种说法:一说缚刑者于铜柱,铜柱中空置炭火于内,焦灼肌肤而死;一说用炭火烧热铜柱,令犯人爬行柱上,犯人堕入火中而死;一是说铸一铜格,格下烧炭,令犯人行走格上,犯人堕入火中致死。残忍是人性的毒瘤,炮烙充斥着戾气和血腥,为后人所唾弃。纣王连同他残忍的发明被共同钉在了历史的耻辱柱上。

炮炙,本来是做中药的一种方法,是把草药放在火上烘烤。在中药的加工上,炮的应用非常广泛。一般是用急火把生药放在锅里炒,使它焦黄爆裂。这样做的目的就是使药物快速脱水,易于保存。再者,增强药物火热之性。另外做熟的药物,易于消化吸收。后来,加工中药材的方法不限于用火,故将“炮炙”改为“炮制”。北宋大诗人苏东坡,有一首《和桃花源》诗,里面说:“耘樵得甘芳,龁齿谢炮制。”南宋的大诗人陆游在《离家示妻子》写道:“儿为检药笼,桂姜手炮煎。”

自南朝刘宋时雷敩的《雷公炮炙论》行世以后,炮炙、炮制逐渐成为中药加工的代名词。天然的中药经过人工炮制，才能更好地发挥特长，抑制毒性，顺应人意，改变性味甚至归经，让医生使用起来更加得心应手。同仁堂的著名对联"品位虽贵，必不敢减物力。炮制虽烦，必不敢省人工"，道出了其中真谛。成语"如法炮制"，本指按照一定的方法制作中药，后常比喻照着现成的样子做。

以上出现的"炮"意义皆与枪炮无关，后来又是如何成为了一种武器呢？这还要从原始的抛石机说起。抛石机是中国古代一种利用杠杆原理抛掷石弹的战具。从文献记载可见古代的抛石机没有一个固定的名称，各个时期命名不同。如"旝"、"礮"、"炮"等。中国至迟在春秋时期已使用抛石机。

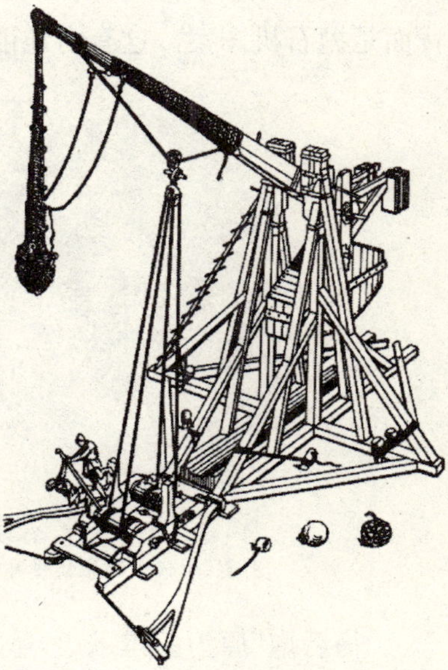

古代抛石机
引自《世界科普画廊现代兵器》，刘树勇等著，浙江教育出版社，1997年。

古代文献中记录了战争中使用抛石机的壮观场面。《说文解字》："旝，建大木，置石其上，发以机，以追敌也。"《春秋传》曰："旝动而鼓。"《诗》曰："其旝如林。"春秋末期《范蠡兵法》中曾记："飞石重十二斤，为机发，行二百礮步。"西晋潘岳的《闲居赋》中描述礮石发射情景为"礮石雷骇"。《正字通·石部》："礮，俗作炮。"隋朝时，礮在军队中大量装备。文献记载，隋朝末年，魏公李密命令护军将军田茂监造战礮，一次就造了三百具，号称"将军礮"。唐朝大将李光弼制造出一种威力巨大的战礮，发射时要用两百士兵拉索，一次射出的石弹可杀敌数十人。

唐以后的文献中多以"砲"作为抛石机的名称。五代以后，火药武器开始应用于战争，抛石机与火药结合后，又被称为"火砲"。火字旁的"炮"字也在这一时期出现。到了元朝以后，以火药作为驱动发射弹丸的管形炮才出现，“炮”才开始成为它的专用名称。

知道了炮的由来，就不难理解为何现代的象棋炮的另一面又常写作“砲”或“礮”。1983 年在四川江油市出土了一件完整的宋代铜质象棋，棋子的正面刻楷体汉字，背面为相应的浮雕图案。其中的炮，正面雕一“砲”字，背面是抛石机图案。这有力地证明了砲即为抛石机。

江油出土宋代铜铸象棋

引自《古代中国象棋棋具》，张超英编，上海百家出版社，2003 年。

“马后炮”原为象棋术语，是一种不能动弹将帅的棋招，如无其他棋子进行阻挡就必死无疑。在象棋中出现的马后炮，是很厉害的一招。生活中若事情处理完已经有了结果，再发表自己的意见，也常被称为马后炮，比喻事后才采取措施，但已无济于事。

战场之外，以“炮”组的词衍伸出很多丰富的意义。如“连珠炮”常用来比喻人说话很快；“放空炮”比喻说话未达到目标；“炮筒子”比喻心直口快、好发议论的急性人；“鸟枪换炮”比喻条件大有好转；“糖衣炮弹”比喻经过巧妙伪装使人乐于接受的进攻性手段。

面"麺"相觑

"面"字历史悠久，从创制到现在一直是汉语中的常用词，且义项逐渐丰富到了生活的方方面面，在历次演变中，最大的变化是表示脸面的"面"和表示粮食的"麺" 融于一体，从中我们似可看到文字的宿命。按照中国人的选择习惯，我们还是先从脸面讲起吧。

甲骨文中已有"面"字，写作或，是一个象形字，外部是一张脸的轮廓，中间有一只大眼睛。李孝定先生在《甲骨文字集释》中这样释"面"："契文从目，外象面部匡廓之形，盖面部五官中最引人注意的莫过于目，故面字从之也。""面" 的本义指整个面部，也就是今天我们说的"脸"。西周金文作，从首，以表示面部。楚系文字可见"面"作，旁加饰笔作，与臼

河北武安县磁山文化遗址出土石雕人像 引自《美术考古与艺术美学》，赵宪章等著，上海大学出版社，2008年。

旁相似。《说文解字》：“面，颜前也。从𦣻，象人面形。凡面之属皆从面。”段玉裁注：“颜者，两眉之中间也。颜前者谓自此而前则为目、为鼻、为目下、为颊之间，乃正像人者。”

《礼记·内则》：“女子出门，必拥蔽其面。”崔护的诗句“人面桃花相映红”中的“面”指的都是人的面部。“面”的本义在很多成语中都有保留，如我们形容女子漂亮说“面似莲花”，形容男子漂亮说“面如冠玉”，形容人的面部表情有“面红耳赤”、“面色狰狞”、“面如灰土”、“面目可憎”等。古代还用“面首”来称呼美男子，“面”指貌之美，“首”指发之美，后引申指男妾、男宠。面不仅有美丑之别，在迷信的人眼中，还深藏玄机。在相面术看来，个人所具有的独特气质，而成为形或色表现于面上，所谓相由心生。面相就是一面镜子，可反映出人的命数。如“面方如田”旧时被看作是富贵之相。《南齐书·李安人传》：“帝大惊，目安人曰：‘卿面方如田，封侯状也。’”

人与人能够面对面的交流是一种机缘，面对面传达的不仅有言语信息，还有那带着刚出炉的热度的情感，一颦一笑间都给人以渲染。如“面授机宜”指当面布置应付局面的策略和办法，这里饱含着关切；“耳提面命”不仅是长辈的谆谆教诲还浸透着殷切之情；“廷争面折”指当面指出别人的过失，这是最真诚的交流；“面谩腹诽”指当面欺诳，心怀毁谤，这是损友的交流。

“面”还引申指朝向。如《尚书·周书·周官》：“不学墙面，莅事惟烦。”孔颖达疏：“人而不学，如面向墙无所睹见，以此临事，则惟烦乱不能治理。”后因以“面墙”比喻不学而见识浅薄。“南面称孤”即面朝南坐着，自称孤家，指统治一方，称帝称王。“孤”是古代皇帝、王侯的谦称。《庄子·盗跖》：“凡人有此一德者，足以南面称孤矣。”

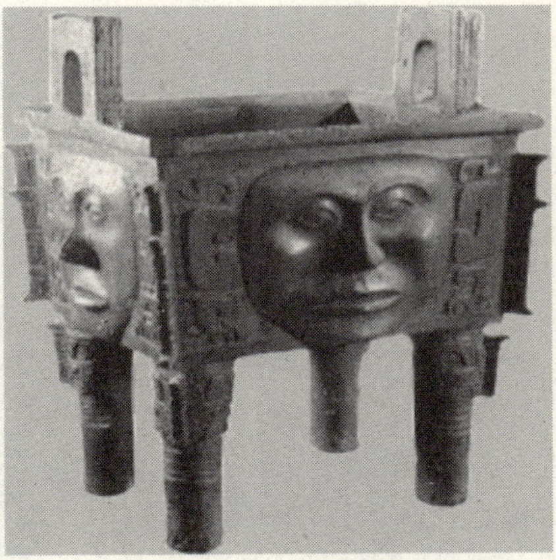

人面纹铜方鼎
引自《中国古代文化常识图典》，王力主编，中国言实出版社，2002年。

中国人爱面子，《红楼梦》中很多场景写的都是面子问题。人们总是把面子同生活中的许多东西相联系，总是谨慎小心而不使有失尊严的事发生在自己身上，以致在众人面前丢了“面子”。鲁迅先生曾经专门撰文《且介亭杂文·说“面子”》来分析面子问题，他说外国人往往认为所谓面子“是中国精神的纲领”，而其实“面子”之有无，情况相当复杂，并且富于变化，这里至少有两种类型，一是“每一种身份，就有一种‘面子’，也就是所谓‘脸’。这‘脸’有一条界线，如果落到这线的下面去了，即失了面子，也叫作‘丢脸’。”相反地，如果“做了超出这线以上的事情，就‘有面子’，或曰‘露脸’”。另一种类型是“只要和普通有些不同便是‘有面子’，而自己成了什么，却可以完全不管”。中国人做事不仅顾及自己的面子，也会照顾到对方的面子。林语堂认为面子是一种可以得到、可以失去、可以作为礼物送给别人的心像。

说到脸面问题，很多人认为脸与面相同，其实二者原本相差千年。“脸”是个后起字，是魏晋时期才出现的，到唐宋口语中才开始用同“面”的本义。“脸”字的最初意义不同于“面”，指人的面颊，即脸的两侧从眼到下颌的部分。《正字通·肉部》：“脸，面脸。目下颊上也。”《乐府诗集》中记载的杂曲歌词中有南朝梁简文帝的一首《妾薄命》：“玉貌歇红脸，长嚬串翠眉。”“红脸”就是抹上了胭脂的双颊。更为具体而言，“脸”通常指两颊的上半部，靠近眼睛的部分，“腮”用来指脸颊的下半部。“粉脸桃腮”或“杏腮桃脸”等都

唐代贵妇的妆靥
引自《中国服饰收藏与投资全书》，陈小启主编，天津古籍出版社，2006年。

是形容女子白而红润的容颜。如宋辛弃疾在《西江月·赋丹桂》中有“杏腮桃脸费铅华，终惯秋蟾影下”，元王实甫的《西厢记》第四本第一折有“杏脸桃腮，乘着月色，娇滴滴越显得红白”等。“脸”在古代也并不如现在一样，完全是口头用语，在明代前，“脸”和“面”都是书面用语，常用在文学作品中。

下面我们再来说一说表示粮食的麵。“麵”与“面”意义上本来毫无瓜葛。“麵”的本义是“面粉”，许慎《说文解字》对“麵”字的解释是“麦屑末也”，段玉裁在《说文解字注》中进一步解释：“末，屑之尤细者也。”麦屑末，指的就是麦子磨的面粉，所以“麵”字从麦面声。后来引申指各种面食尤其是面条，也指各种粉状物。因“面”与“麵”同音，“面”字形简单，近代群众就用“面”代替“麵”，一些商店里的广告、价目牌上也这样使用，久而久之，人们就习惯于把“麵”简写作“面”，

表现揉面、烙饼、蒸馒头的魏晋墓壁画
引自《衣食住行与风俗》，刘建美编著，山西人民出版社，2007年。

但是二者毕竟是来源不同的。如果我们把吃面写作“吃麵”，词义表达就更清楚，但如果把简体字写的“面子”、“脸面”等用繁体字写成“麵子”、“臉麵”，那就闹笑话了。旧上海滩的传奇人物杜月笙曾自称一生只吃三碗面：情面、场面、脸面，实则这三碗面是看上去很美，吃起来很香，但是消化起来是很难的。

“浴”身洁德

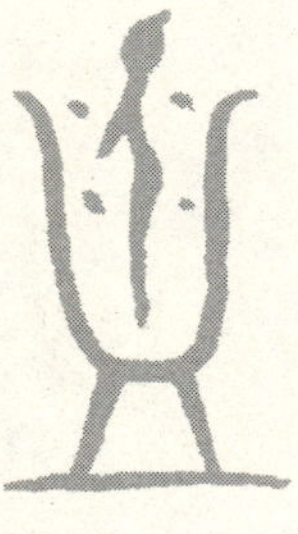

《说文解字》里说：“浴，洒（xǐ）身也”，“洒身”就是用水清洗身体。从甲骨文字形来看，它的下半部分是一个盛水的大器皿，上半部分像一个人站在盛水的器皿里，人的周围有四个水点，表示人在洗澡，水滴四溅。在卜辞中，“浴”用作本义，表示清洗身体。有学者认为“浴”是古时祭祀的一种仪式，在祭祀前必须先沐浴。如卜辞“贞祖丁若小子浴”（乙四五九〇），“贞于浴用”（前一·五一·一）。“浴”在甲骨文中有时也用来表示地名，如卜辞“未卜宾贞令寝往浴”（后下·三〇·一三）。从造字方式上看，“浴”是个会意字。《睡虎地秦简》中的“浴”写作浴，它由会意字又变成了一个左边从“水”右边“谷”（yù）声的形声字，这其实与我们今天的楷体“浴”已经非常接近了。小篆“浴”作。与“浴”甲骨文字形很相近的是“盈”字，“盈”的本义是人进浴缸，缸水满溢，展示了先秦人用浴器洗浴的情形。

虢季子白盘
引自《图说中国文化器物卷》，张国华等著，吉林人民出版社，2007年。

现今保存在国家博物馆的虢季子白盘，可以说是我国最古老的浴器，其质料为青铜，高39.5厘米，口长137.2厘米，盘口呈圆角长方形，四曲尺形足，酷似现代的大浴缸。据其底部铭文分析，铸于周宣王十二年（公元前816年），距今约有两千八百多年的历史。

在古代，“浴”字只表示洗身体，不包括洗头、洗脚、洗手，但在今天，洗澡时顺便就将头、手、脚都洗干净了。而在古代，这些词的用字有着明确的分工。洗脚称为“洗”，甲骨文写作，像人足在水中。洗手称为“盥”，金文写作，像两只手在水盆里用水洗。洗发称为“沐”，《说文》释为“濯发也”，历史上周公“一沐三握发”，即洗一次头发中间要停下来三次，以此来比喻求贤心切。成语“栉风沐雨”是指以风梳发，以雨洗头，比喻饱经风霜。洗面称为“沬”（huì），金文作，像人俯身于器皿以手撩水洗面状。“沬泣”，就是以泪洗面，形容泪流满面。“沬血”，意为以血洗脸，形容血流满面。对于以上用字的不同，《论衡・讥日》总结到：“沐者去首垢也，洗去足垢，盥去手垢，浴去身垢，皆去一形之垢，其实等也。”

净手的器皿——匜

引自《图说礼仪》，王金玲等著，重庆出版社，2008年。

根据我国诸多史料记载可以发现，古代人比我们想象中要卫生得多。早在西周就已形成了沐浴礼制。《周礼》中有“王之寝中有浴室”的记载。这样算来，“浴室”一词产生已经有两千多年了。按周制，诸侯朝见天子，天子赐以王畿以内的供沐浴的封邑，叫做“汤沐邑”。《礼仪·王制》云：“方伯为朝天子，皆又汤沐之邑于天子之县内。”诸侯要在专供沐浴的封邑先洗头洗澡，然后才能去朝见天子，沐浴洁身以示对天子的尊重。古代的沐浴之所称为“汤”或“池”。“汤”本义为温泉，后泛指热水。陕西骊山温泉，在秦代就有“神女汤”的美名。唐代皇帝大多喜欢温泉浴，唐高宗李治有《过温汤》诗。唐代著名的贵妃汤，也就是杨贵妃的专用汤池，亦名海棠汤。直到现在，日本称男澡堂还为“男汤”，女澡堂为“女汤”，公共澡堂又叫“钱汤”，因入浴要交钱。

古代沐浴也是一种礼制，古人凡遇到庆典、祭祀等重大事件都要斋戒沐浴。《论语》说“孔子沐浴而朝”，说明这位儒家始祖朝见君王都是要沐浴的。《礼记》中也记载了周天子每天要洗头洗手的记载，除三顿饭洗手外，早朝、晚朝时也都洗手。《礼仪·聘礼》载：“飧不致，宾不拜，沐浴而食之。”主人用飧礼招待来宾时，来宾不用拜谢，但要沐浴之后再就食，以表示对主人的尊重。

秦汉时，已形成了三日一洗头、五日一沐浴的习惯。以至于官府每五天给的一天假，也被称为“休沐”。《海录碎事臣职官僚》记载：“汉律，五日一赐休沐，得以归休沐出谒。”到了唐代，“五日一休沐”才改为官吏每十天休息洗浴一次，叫作“休浣”。这样，每月也就分为上、中、下浣，后借作上旬、中旬、下旬的别称。

沐浴与人们生活的行为规范密切联系在一起。《礼记·内则》载：“男女夙兴，沐浴衣服，具视朔食。”居家过日子，男女要早起，沐浴更衣。作为夫妇之礼，妻子不能和丈夫共用一个浴室，所谓“外内不共井，不共湢浴”。在家庭里还有尊老礼节，“五日则镡汤请浴，三日具浴。其间面垢，镡潘请缋；足垢，镡汤请洗”。晚辈要五天烧一次温水为父母洗一次澡，每三天烧一次温水为父母洗一次头。这期间父母脸上如果脏了，要烧淘米水为父母洗干净；脚脏了，则用温水为父母洗干净。

古人除了在祭神、朝拜、尽孝等重要时刻必须沐浴之外，其他时候的自行洗浴则主要是为了讲究卫生、除秽治病。周朝时期的“衅浴”，就是人们用草药熬水治疗疔疡的一种沐浴方法。以后的三月上巳节、五月端午节，人们都要采集草药煎水沐浴，防治疾病。在《礼记》中记载：“头有疮则沐，身有病则浴”。端午节别称浴兰节，屈原《离骚》中的词句“浴兰汤兮沐芳 ”，就是对民间沐浴节的一种形象描述。当时的兰不是现在的兰花，而是菊科的佩兰，有香气，可煎水沐浴。《五杂俎》记明代人因为“兰汤不可得，则以午时取五色草拂而浴之”。后来一般是煎蒲、艾等香草洗澡。唐宋以后，约定俗成把每年五月初五这一天定为“浴兰节”。在这一天，人人进行药浴，以祛秽，预防疾病。

由于沐浴已经深入到社会方方面面，人们对沐浴有了深层次的理解，不单把沐浴看做洁身净体，润肤养身，而是视为隆重礼仪。先秦祀神祭祖之前都要沐浴净身，以达到内心的洁净虔诚，这就是戒，亦称斋戒。南朝梁简文帝萧纲曾著有《沐浴经》三卷，这是我国至今发现的最早研究洗澡的专著。明代的名士屠本畯还将“澡身”与“赏古玩”、“亵名香”、“诵名言”并列，表明明代的洗澡较之以往更加讲究高雅。

贵族作为上层社会的代表者，需要整洁的外表仪容与其赫赫声威相匹配。《礼记·玉澡》曾对洗澡规定了一套程序，沐浴出水后，要分用干净的精、粗两巾擦拭身子，然后再用热水淋身，披上专门的布衣，以俟身燥，其间还要喝一些饮料，以止口渴。这样的沐浴至少是中产以上的人家才可以为之，应该说是为贵族沐浴所定的程序，贫苦百姓是无法享受的。古人还有沐浴必更衣的习俗,《楚辞·渔父》云:“新沐者必弹冠,新浴者必更衣。”晋代贵族已将沐浴作为个人清洁卫生的一个重要内容,遵循古俗沐浴必更衣。

魏晋南北朝是一个人性张扬的时代,诚如唐人杜牧《润州》诗中所说:“大抵南朝皆旷达,可怜东晋最风流。”在这样的时代里,不同的人对待沐浴各有不同的态度,一是不好沐浴,一是沐浴成癖,走向极端。南朝卞彬是个恃才傲物的人,由于“澡刷不谨,浣沐失时”,导致身上虱虫极多,尽管瘙痒难忍,但他仍然不沐浴,并声称自己身上的跳蚤虱子“无汤沐之虑,绝相吊之忧”,可以安然无恙地子子孙孙生存繁衍下去,表现了其落拓不羁的个性。而南朝齐人何佟之却又沐浴成癖。何佟之出身于名门贵族,博学广纳,师心独见。在历史上何佟之除了才高出名外,更让他大出风头的是他有沐浴癖,史书称其为人性好洁,往往一天之内,要洗浴十几次,几乎是成天不停地洗浴还觉得不够。由于何佟之一日十几洗,时人送给他一个响当当的外号叫“水淫”。

中国的儒家倡导“澡身而浴德”,意为要如日常洁净身体一样勤于道德的修炼,不断提升自己的道德品行。纵观中国古代的沐浴文化,皇家贵族把沐浴作为一种享受,常人把沐浴作为一种生活,而文人则把沐浴视为一种性情。凡水浴垢,心泉涤尘,身心的洁净许是“浴”千年的承载。

别作深“宫”一段愁

“上古穴居而野处，后世圣人易之以宫室，上栋下宇，以待风雨。”这是《周易》里记述的中国最早的安居工程。那时的建造“宫室”还只是为了更好地躲避风雨，并非求田问舍、蓄积家势的地主作为。“宫”，甲骨文作，直观地看上去就像是两室一厅，这里的“口”的确是表示房间，两个代表多数，像屋下有数室之状。宫即为房屋的通称。在甲骨文中也有三个“口”的“宫”字写作。此外，还有两个“口”字交叉的“宫”字，写作。在卜辞中，“宫”有用作本义，表示君王所居之处，如“天邑商公宫衣兹夕亡祸宁”（缀一八三）；也有用“宫”来表示地名的卜辞，如“戊午卜贞王田宫往来亡灾”（前二・四三・七）。不加“宀”的或在甲骨文中也可见，表示两邑相连，卜辞中就有

记载。其中可表示地名，如“受年”（佚七三四）。

在古代早期文献中，宫并非专指帝王的宫殿，而是指一般住宅，没有贵贱之分。《礼记·儒行》：“儒有一亩之宫，环堵之室。”宫、室在上古互训，《尔雅·释宫》：“宫谓之室，室谓之宫。”上古“宫”、“室”是同义词。“宫”、“室”多连用表示房屋住宅。如《礼记·礼运》说：“昔者先王未有宫室，冬则居营窟，夏则居橧巢。”“宫”和“室”后来有了区别。段玉裁在《说文解字注》中说：“宫言其外之围绕，室言其内。析言则殊，统言不别也。”《管子·八观》：“宫营大而屋室寡者，其室不足以实其宫。”宫指有围墙围着的房屋建筑群，而“室”则指其中的一个单位。

在氏族社会时期，宫这种大房子是氏族成员聚会和举行仪式的场所，也可能供氏族首领居住。在奴隶制社会中，这种大房子被奴隶主占有，建造规模也是越来越大。秦始皇统一天下之后，为了表明自己的尊显位置，于是下令将“宫”字用于帝王居住或理政地方的专称。自此以后，“宫”就专指帝王的宫殿，而其他人的居室则称为“室”等，沿用至今。唐陆德明《经典释文》：“宫，古者贵贱同称宫，秦汉以来惟王者所居称宫焉。”

建造宫殿是历代帝王彰显权威的表现，甚至到了病态疯狂的地步。秦始皇的阿房宫是七十万囚徒，花了六年多时间建造的庞大宫殿群体。杜牧《阿房宫赋》：“五步一楼，十步一阁；廊腰缦回，檐牙高啄；各抱地势，钩心斗角……”可见，阿房宫是多么的雄伟壮丽，规模宏大。《史记·高祖本纪》中记载了萧何为汉高祖刘邦建造未央宫，刘邦看到宫阙太过宏大，不免生气地训斥萧何：“天下匈匈苦战数岁，成败未可知，是何治宫室过度也？”而萧何回答道：“天下方未定，故可因遂就宫室。且夫天子四海为家，非壮丽无以重威，且无令后世有以加也。”高祖听后乃悦。这也道出了古代的统治者处心积虑营造宫殿的根源，即“宫殿无壮丽无以重威”，正是出于这样的心理，后代的宫殿都是当朝最伟丽的建筑。北京的故宫就是中国古代宫廷建筑的极致，也是世界现存最大、最完整的木质结构的古建筑群。

中国的宫殿又称为“宫禁”，即宫中禁卫森严的意思。它们都有高墙、深

故宫

引自《图说中国文化建筑工程卷》，李书源著，吉林人民出版社，2007年。

沟、重门、守卫者，配以侍卫、仪仗和朝觐之礼，更显示皇帝的威严，而达到震慑的效果。宫又如一藩篱，很多人的命运被框囿其中。后宫是妃嫔所居处，后来代指妃嫔；东宫是古代太子住的地方，所以称太子为“东宫太子”或直接以“东宫”称太子。宫还用来借指帝王。如“宫车晏驾”，旧为帝王死亡的讳辞。“宫邻金虎”指小人在位，接近帝王，贪婪如金之坚，凶恶如虎之猛。

历代帝王的宫室规模宏大，鸟革翚飞，富丽堂皇，在人们的想象中神仙所居住的地方也当是如此，所以“宫”又引申指神仙的居所。如天宫，是天上神仙居住的地方；龙宫是海中龙王居住的地方。由于佛教、道教都以进入天宫为目标，宫又引申表示佛教、道教建筑。如上清宫、布达拉宫、太清宫。“宫”始终超凡脱俗，直至建国后用作指民众进行文化娱乐活动的地方，如少年宫、青年宫、艺术宫以及劳动人民文化宫等，“宫”才算回归到了人间。

在古代，除去皇家和神人的居住地，也就学校还曾被称为宫。这也可见古代对教育的重视。春秋时期齐国的“稷下学宫”就是世界上第一所由官方举办、私家主持的特殊形式的高等学府。稷下学宫在其兴盛时期，曾容纳了当时“诸子百家”中的几乎各个学派，汇集了天下贤士多达千人左右，其中著名的学者如孟子、淳于髡、邹衍、田骈、慎到、申不害、田巴、鲁仲连、邹爽、荀子等。尤其是荀子,曾经三次担任过学宫的“祭酒”(学宫之长)。当时,凡到稷下学宫的文人学者,无论其学术派别、思想观点、政治倾向,以及国别、年龄、资历等如何,都可以自由发表自己的学术见解,从而使稷下学宫成为当时各学派荟萃的中心。这些学者们互相争辩、诘难、吸收,成为真正体现战国“百家争鸣”的典型。

稷下师生争鸣
引自《齐都之最》,解维俊主编,百花文艺出版社,2006年。

广义来说,宫墙既可指皇宫之墙,还可指普通围墙,《管子·八观》:“宫墙毁坏,门户不闭”,这里的“宫墙”,指的正是普通房屋围墙。孔子的学生子贡曾这样比喻自己的学识和老师学识的差距“譬之宫墙,赐之墙也及肩,窥见室家之好;夫子之墙数仞,不得其门而入,不见宗庙之美,百官之富。”子贡说我的墙只到肩膀,我家中的一切都可被外人看得清清楚楚,而我老师的宫墙,有数十尺之高,如果找不到门进入,是无法了解家中的富丽堂皇的。成语“宫墙外望”比喻未得受业于门下为学生。而“列入门墙”指被收为学生,也是由这个典故来的。

为了称颂儒学的博大精深,明嘉靖十七年修缮孔庙时,山东巡抚胡缵宗书“万仞宫墙”四个字。清乾隆十三年乾隆皇帝弘历亲临曲阜祭孔，为了显示他对孔子的敬仰，自己亲笔书写了同样四个字镶于城门。现在看到的“万仞宫墙”石额，即乾隆皇帝的御笔题写。此后，全国各地孔庙无不效仿，在孔庙围墙上，赫然大书“万仞宫墙”四字，以笃信儒学，赞誉儒林。

曲阜万仞宫墙
引自《中国孔庙》，高文等著，成都出版社，1994 年。

宫是古代音阶之一。中国古代的音阶仅用五音，即宫 gōng、商 shāng、角 jué、徵 zhǐ、羽 yǔ，起源于春秋时期，是中国古乐的五个基本音阶，相当于西乐的 Do(宫)、Re(商)、Mi(角)、So(徵)、La(羽)。所以，如果我们稍加留意的话就会发现正宗中国古乐曲是没有 Fa 与 Xi 两个音阶的，如古名曲岳飞词的《满江红》。宫、商是音阶中的第一、第二两个音阶，所以宫商常连用以代指音乐。宫音为五音之主、五音之君，统帅众音。凡以宫为主的调式为“宫”；又凡以商、角、变徵、徵、羽、变宫为主的格式为“调”，统称为“宫调”。宫调是古代乐曲曲调的总称。成语“以宫笑角”是拿宫调讥笑角调，比喻用自以为是的偏见去讽刺、否定别人。“含宫咀徵”指沉浸于优美的乐曲中。

邦家之“基”

“基”代表着底层，代表着开端，它虽必不可少，却又常不入法眼。它看似卑微，实则有着万钧的气势。它维系着安与危，预示着成与败。得之，泰然；失之，倾然。

《说文·土部》：“基，墙始也。从土，其声。”“基”的本义是指墙的根基。远古时期，都是以土筑墙，所以和墙有关的字多从土，如城、垛、壁、垣、堵等。古人用土筐向在地面上挖出的槽中填土，再经夯实形成基础。“基”，甲骨文作，以箕运土至，预示着浩大工程的开始。在卜辞中，“基”可用来表示武丁时期的方国名，如“乙酉卜丙贞子商基方”（合集六五七〇）。在周代的金文中可见到“土”写在下面的字形，也有省略“土”直接写作“其”的，如《子

山西商代夯土基址

引自《发现中国:2005 年 100 个重要考古新发现》,曹兵武等主编,学苑出版社,2006 年。

璋钟》中的。《包山楚简》和《汗简》中的“基”字笔画更加简单,写作和。篆文承续金文字形。孔颖达在《左传》注疏中说“墙屋以下土为基,有基,乃墙屋成焉。”基是墙最下面的部分,后来出现了成语“墙高基下”用以比喻名位虽高,才德低下。

古代以版筑法筑土墙的方式,可以上溯到商代。筑墙时要加固基础,达到坚实耐用的目的。在不断的实践中,人们认识到了地基的重要性。宋朝李诫的《营造法式》是我国古代最完整的建筑技术书籍,书中记述了打地基的方式:“诸殿阁堂廊等基址开掘,方八尺,就土铺填打筑六十尺各一功,若用碎砖瓦石札者,其功加倍。”王筠的《说文句读》中也指出“今之垒墙者必埋石地中以为基。”地基的稳固关系重大,打地基是工程的关键一环,后来人们常用“打地基”、“打基础”来比喻做事的前期准备。

“础”《说文》释为“踬也。”《广韵》解释得更为明确:“础,柱下石也。”清代王士祯的《兴州》诗中有“行宫余故础,野蔓覆残碑”句。“础”是铺垫房柱的石头,和“基”的作用相当,因而经常连用。另一个与“基”经常搭档的词是“本”,即树根。无论是“基础”还是“基本”,都是事物最根本之所在。

"基"由墙壁的脚址引申泛指建筑物的底座、根脚，如宅基、房基、路基、地基。《晋书·石季龙载记》记录"太武殿基高二丈八尺。"又引申指抽象事物的基础、根本。《诗经》上说"温温恭人，维德之基"，意思是温柔谦恭的人们，是以道德为根本。《诗经·周颂·清庙之什》："成王不敢康，夙夜基命宥密。"是说成王不敢安乐，时时刻刻把政命的宽容、精到作为根本。

凡事应当从基层做起。基层是各种组织中最低的一层，它和群众的联系最直接。也只有走基层，才能真正了解到人民的疾苦。没有基层也就没有上层建筑，历代的统治者都充分认识到基的作用。所以我们可以看到这样一些词，如"登基"指登上王位，"基祚"指国运、皇位，开国叫"肇基"或"开基"，"隆基"指大业。

筑墙从墙基开始，故"基"又引申指开头，起始。如"福生有基，祸生有胎"（见于汉班固的《汉书·枚乘传》），基、胎均指事物的开始，这两句是说幸福与灾祸的发生都有个开始。19世纪后期，西学东渐，当时怀抱救亡图存大志的有识之士郑观应指出中国教育应当"童子就学，教以书术，穷理精艺，实基于此"，强调从孩子开始就要注重所学知识的务实性。

石敢当

引自《泰山石敢当》，叶涛著，浙江人民出版社，2007年。

古代以石为灵物，早在商周时期，人们就开始在房基下埋填大石以镇宅辟邪，古代学者高濂在《遵生八笺》中称："除日掘宅四角，各埋一大石为镇宅，主灾异不起。"现代当重要建筑动工时所用的奠基石和举行的奠基仪式，其实就是这种以石镇宅习俗的延续。泰山石外观独特，质地坚硬，基调沉稳，是镇宅辟邪和吉祥祈福的第一风水石。有学者指出后代镇宅的"泰山石敢当"非如后代小石碑，原本是指埋于宅基下的石头，事先要通过祭祀祈祷赋予辟邪镇鬼之神力，然后埋于宅下。后又借用“泰山石敢当”之名，以壮声威。中国的三大宫殿：北京的金銮殿、泰山的天贶殿、曲阜的大成殿，都是用泰山石做基石。一般的寺庙会用泰山石镶镇四角。中华人民共和国建国后，人民大会堂和人民英雄纪念碑的建筑，都以泰山石作为奠基。

由此，我们想到汉字中有一个“碁”字，貌似以石作基的会意构字，很易被看作是“基”的异体字。其实，“碁”读音为 qí，同“棊”，皆为“棋”的异体字。“碁”本指石制棋盘，引申指石制棋子。台湾著名电脑生产厂家宏碁，取义宏大之棋局。可惜鲜有读对其名者，一般人都读为“宏基”。有鉴于此，这家电脑商在中国大陆重新注册为宏基，但在其官方网站，仍沿用宏碁。两者并存，既正其名，亦兼顾大众习惯。

现代社会的一个常用词“基因”，音译自英文 gene，指存在于细胞的染色体上的生物体遗传的基本单位。这个音译词很巧妙，既音谐，又义通。我们曾认为基因是我们难以逃脱的上天的魔咒，他赋予了人不同的肤色、血型甚至秉性。笨鸟纵然可以通过先飞到达目的地，但是到了目的地的笨鸟笨的基因还是未变。但是克隆技术的出现，基因的重组，改变了千百年来“龙生龙，凤生凤”的宿命，使得鸡窝里飞出了金凤凰也成为简单的事。根基的蜕变，带来了一个无奇不有的世界。

以水为“监”

我们现在使用的“监”是简化字，字形来源于草书。“监”的繁体字形作“監”，左上角的“臣”在草写时简化为两竖，“臣”古文字作，是竖目之形。由此，“监”的甲骨文字形也就不难理解了，是一个人睁大眼睛往器皿里看。在甲骨文中，“监”中的人形与器皿的位置可以互相调换，因此有时也作。金文“监”字又在器皿上加一小横，表示器中有水。小篆“监”作，基本承袭了金文字形。古人以水为镜，“监”就是一个人弯着腰，睁大眼睛，从器皿的水中照看自己的面影。

《说文解字》：“监，临下也”，段玉裁注曰：“监，视也，监，临下也，古字少而义赅，今字多而义别，监与鉴互相假。”郭沫若先生在《三门峡出土铜器二三事》中也提到:"古人以水为监,即以盆盛水而照容,此种水盆即称为监,以铜为之则为鉴。监字即象一人立于水盆旁俯视之形。"这样我们就可以了解到中国人最初的镜子是以器皿盛水,后来才有了磨光的铜镜,称为鉴。繁体"鑒",上监下金,金即铜,即用铜作镜。我们现在常用的"镜"字是后起的形声字,最早出现于《庄子·天道》"圣人之心静乎!天地之鉴也,万物之镜也。"这里鉴、镜并举,都表示明镜。

《尚书·酒诰》中武王对他的弟弟康叔封说:"古人有言曰:'人无于水监,当于民监。'"意思是不要把水当镜子,而应当把民众当作镜子。《庄子·德充符》:"仲尼曰:'人莫鉴于流水,而鉴于止水。'"这都证明先人曾用器皿盛水鉴容。至于怎样从以水鉴容过渡到以铜镜鉴容,郭沫若先生是这样推断的:"普通人用陶器盛水,贵族用铜器盛水,铜器如打磨得很洁净,即便无水也可以鉴容。故进一步,即由铜水盆扁平化而成镜。铜镜背面有花纹,背心有钮乳,即是盛水铜器扁平化的遗痕,盛水铜器的花纹是在表面的,扁平化后则变成背面了。钮乳是器足的根蒂。"

中国在什么时代开始铸造和使用铜镜,古史中记载了许多传说。《轩辕黄帝传》说:"帝因铸镜以像之,为十五面,神镜宝镜也。"又《黄帝内传》说:"帝既与西王母会于王屋,乃铸大镜十二面,随月用之。"正如把一些发明创造归功于黄帝一样,古人也将铜镜的使用说成起始于黄帝。1975 年和 1976 年甘肃广河齐家坪和青海贵南承马台的齐家文化墓葬中先后出土了两面铜镜,这是中国目前可见到的最早的镜子。据碳 14 法测定,齐家文化的年代约为公元前两千多年,属原始公社的解体时期。齐家文化铜镜应属铜镜的初起形式,距铜镜的始铸年代不远。

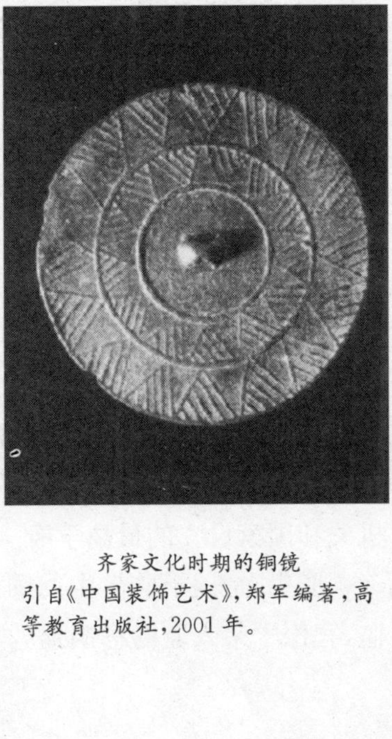

齐家文化时期的铜镜
引自《中国装饰艺术》,郑军编著,高等教育出版社,2001 年。

1976年春，在河南殷墟的妇好墓中，发现了青铜镜。妇好是商朝国王武丁的妻子，也是中国历史上有据可查的第一位女性军事统帅。花木兰替父从军的《木兰辞》里，有一句是“当窗理云鬓，对镜贴花黄。”可见这些出征沙场的巾帼英雄心底也是极爱美的，更不要说世间平凡的女子了。“明星荧荧，开妆镜也；绿云扰扰，梳晓鬟也；渭流涨腻，弃脂水也。”这是杜牧的《阿房宫赋》中描写的阿房宫内的宫女们梳妆打扮的场景，盛况可见一斑。铜镜在古代主要用以梳妆照面。在西汉年间，人们就开始用铜镜作为男女爱情的信物，取心心相映之寓意。生前互相赠送，朝夕相伴，死后随之埋入墓中，以示生死不渝。而破镜重圆，常用来比喻夫妻失散或决裂后重新团聚与和好。

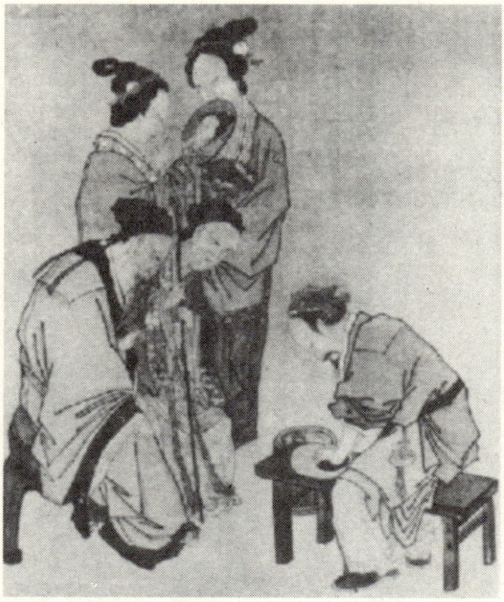

磨镜图

引自谭德睿《古铜镜千年不锈之谜》，《科学月刊》，1991年。

自从人们不再以水为监，“监”字转而引申为审视、督察义，且使用至今。“监”作监察、监视、监狱解时读平声 jiān，用作官名、官署名时读去声 jiàn，如国子监。

国子监是中国古代隋朝以后的中央官学，为中国古代教育体系中的最高学府。明朝由于首都北迁，在北京、南京分别都设有国子监，于是设在南京的国子监被称为“南监”或“南雍”，而设在北京的国子监则被称为“北监”或“北雍”。北京国子监始建于元朝大德十年（公元1306年），是我国元、明、清三代国家管理教育的最高行政机关和国家设立的最高学府。

监生，是国子监学生的简称。监生大体有四类：生员入监读书的称贡监，官僚子弟入监的称荫监，举人入监的称举监，捐资入监的称例监。古代

国子监牌楼

引自《话说北京》，李永梅主编，天津古籍出版社，2008年。

文学作品中监生的形象很多，如《儒林外史》中的严监生是吝啬鬼的典型，鲁迅《祝福》中的四叔是个讲理学的老监生。

中国历史上曾经出现过一个特殊的群体——太监。太监是中国古代宫廷中被阉割后专供皇帝、君主及其家族役使的官员。宦官称太监，是隋唐以后的事。唐高宗时，改殿中省为中御府，以宦官充任太监、少监。后宦官亦通称为太监。到了明代，宦官权势日增，人们就把所有宦官都尊称太监，太监也就成为宦官代名词了。其实，太监并不是中国的特产。在古代埃及、希腊、罗马、土耳其、朝鲜，乃至整个亚洲都有太监。但是，中国的太监制度是在历史上占有相当分量的。在漫长的中国封建社会历史中，太监不仅涉足王公贵族、高官显爵的生活中，而且还涉足于复杂的政治斗争中。在辛亥革命以前的中国，历朝的衰亡大都与太监作乱有关，汉、唐、明三朝的覆灭与太监的专横暴虐有直接关系。中国历史上太监的代表人物如赵高、高力士、魏忠贤、安德海、李莲英等都是中国历史舞台上的重要角色。

何方来“袭”

金文“袭”作，上面是，下面是衣。篆文省去一个“龙”。《说文解字》：“袭，左衽袍。从衣，龖省聲。”“袭”即衣襟左掩的死者穿的内衣。中原人崇尚右，习惯衣襟右掩，称为右衽。按照中国古代习惯只有死者和北方游牧少数民族才穿左衽的。古人认为，生者与死者是生活在阴阳相反的两个世界，因而生者之衣是右衽，死者之服用左衽，以示阴阳有别。《礼记·丧服大记》“小敛大敛，祭服不倒，皆左衽，结绞不纽。”

古代在祭祀等礼仪活动时，还要在常穿裼衣外面加一上衣，即袭衣。《礼记·曲礼下》“无藉者则袭。”唐孔颖达疏：“凡衣，近体有袍襗之属；其外有裘，夏月则衣葛；其上有裼衣；裼衣上有袭衣；袭衣之上有常著之服，则皮

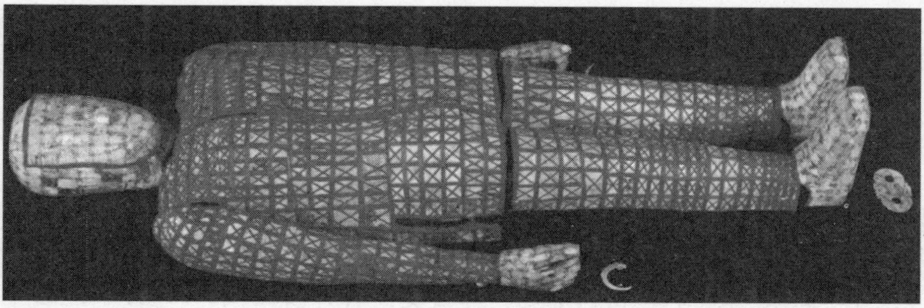

丝缕玉衣

引自《古玉》，张明华著，上海文化出版社，2009 年。

弁之属也。”这是我国古代士族穿着衣服的程序，也是合乎礼仪的穿法。

衣一套为一袭，袭发展成为量词。《汉书·叔孙通传》：“乃赐通帛二十疋，衣一袭，拜为博士。”颜师古注：“一袭，上下皆具也，今人呼为一副也。”清林纾《书杜袭喻繁钦语后》：“吴人之妇，有绮其衣者，衣数十袭，届时而易之。”这里的“袭”即指衣服的一套。成语“袭衣兼食”是说成套衣服，多盘菜肴，形容生活优裕。明朝何景明《徐太母潘氏墓志铭》：“居家甚勤俭，无袭衣兼食，然施族仁下，不有所害。”

由衣服的一套又发展为物品外面包裹的一层，如成语“什袭珍藏”中“什”是形容多，“袭”是量词套、层，意思是将物品层层包裹，珍重地藏好，形容极珍重地收藏物品。《太平御览》引《阚子》说，宋国有个愚人得到一块燕石，以为是至宝，用“华匮十重，缇巾十袭”将它收藏起来。客见之，卢胡而笑曰：“此燕石也，与瓦甓不异。”主人大怒，藏之愈固。

“袭”作为动词表示衣上加衣，即重衣。如《礼记》中：“寒不敢袭，痒不敢搔。”是说在父母公婆面前感到寒冷也不敢加衣，感到搔痒也不敢抓挠。

“袭”由重衣又转而表示战争中趁人不备的攻击，对于这一转化，孔颖达的解释是：“袭者，重衣之名。倍道轻行，掩其不备，忽然而至，若披衣然。”“袭”这种进攻方式在春秋诸侯国战争中即已广泛运用。《左传·庄公二十九年》：“凡师有钟鼓曰伐，无曰侵，轻曰袭。”对于进攻一方来说，袭是一种谋略，而在世人的眼中，袭又让人感觉有些胜之不武。与之意义相近的“征、伐、侵”等词，在古汉语中虽都指军事上的进攻，但在意义、用法和感情色彩上却有差别。“征”是褒义词，常用于上攻下、有道伐无道。《尚书·胤征》：“奉辞伐罪曰征。”孔颖达疏：“奉责让之辞，伐不恭之罪，名之曰征。”《孟子·尽心下》：“征者，上伐下也。”这些说解都指出了“征”的正义色彩。“伐”是中性词，多用于诸侯或平级之间的公开宣战，一般师出有名，进军时要有钟鼓。《诗经·商颂·殷武》：“奋伐荆楚。”郑玄笺：“有钟鼓曰伐。”《左传·庄公十年》中有“齐师伐我”之句，并有“公将鼓之”、“一鼓作气”、“齐人三鼓”的叙述。“侵”含有贬义，是不宣而战，不需任何理由，且不用钟鼓，是直接侵犯别国。

动词“袭”除用于战争，还常表示悄无声息、没有心理准备的到来。如屈原《九歌》中“绿叶兮素枝，芳菲菲兮袭予。”《红楼梦》中宝玉的侍女袭人本名为花蕊珠，宝玉借陆游《村居书喜》里的“花气袭人知骤暖”诗句，给她改名为“袭人”。芳香来袭，沁人心扉，给人以身心的愉悦。

除了花香，袭来的还有可能是饿狼、风雪、枪弹、谣言、流感等。袭来之物似乎太过缤纷，但不管哪一种都是带给了人一份意外，意外的惊喜享受或者是意外的打击伤害。因而，我们对“袭”字既有期待又充满了本能的戒备。

由重衣，“袭”又引申为“因循、继承”。有这种含义的“袭”多保留在一些成语中，如“蹈常袭故”、“袭以成俗”、“袭冶承弓”、“袭凡蹈故”等，现在的常用词如“抄袭”、“沿袭”等也是此意。成语“传爵袭紫”是指继承高爵显位，因为根据汉制，公侯皆佩紫绶龟纽金印。

世界各地的人类社会的早期都曾出现过世袭制度的统治政权，其中多数为封建世袭制度。通常认为中国的世袭制始于夏朝大禹，世袭是指某专权一代继一代地保持在某个血缘家庭中的一种社会概念。先秦时代，中国实行世卿世禄的制度，上至天子、封君，下至公卿、大夫、士，他们的爵位、封邑、官职都是父子相承的。这种世袭的次数理论上是无限的，直到改朝换代或占据这个爵位或官职的家族在政治斗争中失败为止。世袭制不是任人唯

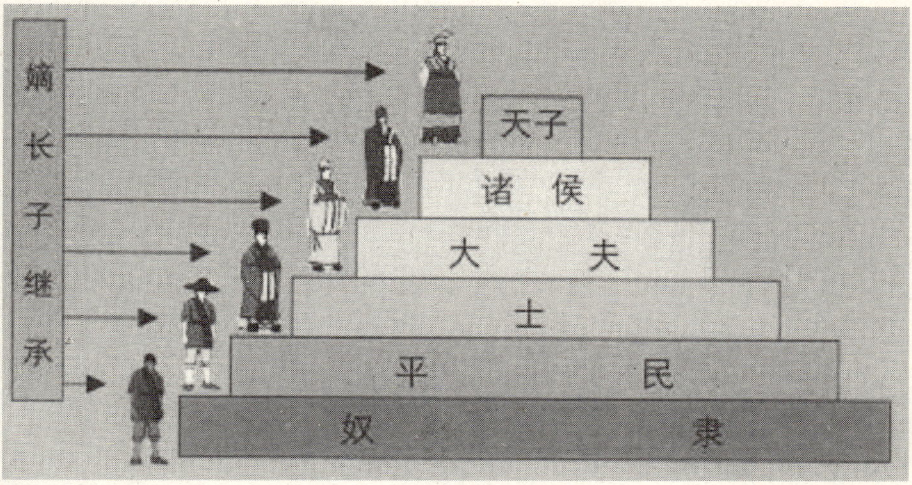

世袭制

引自《图说礼仪》，王金玲等著，重庆出版社，2008年。

贤而是任人唯亲，一直发展到魏晋的九品中正制，皆是世袭。隋文帝推行了科举考试取代世袭制，这是一种巨大的进步。当今社会变相世袭制仍在泛滥，这种封建思想的沉疴顽疾对社会进步的阻碍是巨大的，更可怕的是它目前无药可治的状态。

中国的文字扎根于远古的土地，弥漫于现实的天空，“袭”字命运就是在意义的不断衍生中得以延续，演变的枝蔓贯穿霄壤横越古今。

快“走”踏清秋

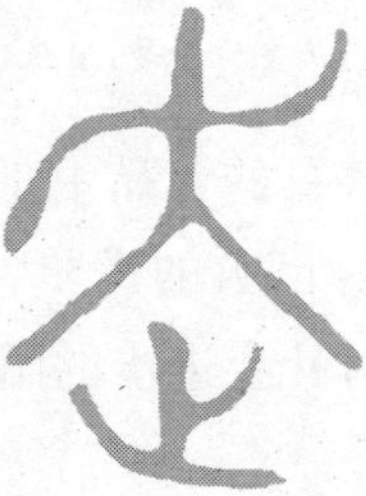

“走”，甲骨文作，像一个人甩开两臂迈开大步朝前奔跑的样子，在卜辞中，“走”有用作本义的，如“庚申贞其令亚走马”（甲编二八一〇）。金文作，在甲骨文的基础上增加了“止”（即一只大脚）而成，其结构更突出了人跑的特点。此外，金文中还有加了“彳”的“走”字，如《井侯簋》中的，《召卣》中的，《鲁司徒仲齐簋》中的等等。小篆承金文形体而来，为。“走”字到了楷书后，上面的“夭”讹变为“土”。与之同义的“奔”，金文写作，上面是一个甩臂奔跑的人形，下面加上三个“止”表示很多人一起奔跑。石鼓文“奔”字由三个“人”和三个“止”组成。由此，“奔走相告”是怎样的一个场面就可想而知了。

知道了“走”的本义是跑，我们才能够正确理解以下词的本义：“走卒”为奔跑之卒；“走狗”为跑得快的狗；“走马上任”是骑马急速上任；“走马观花”是骑在奔跑的马上看花。

由于“走”是一种快速离开，“走”又引申为逃跑，“三十六计走为上计”这个上计就是溜之大吉。《左传》中“走”出现了 37 次，其中 23 次都是表示逃跑、逃避。

凡从“走”的字原义大多与跑或快走的动作有关，如“赶”指兽类翘尾奔跑，“越”表示逾越超出，“趁”本指追逐，“赵”指兼程并进，“趣”是趋附，“超”是跃上、越过，“趱”是赶行、快走，“趀”是奔跑等。

在生产力低下的早期社会，人类为了生存，除制造和使用工具从事生产劳动外，还必须依靠自身徒手的技能与大自然斗争，如奔跑、攀援、跳跃、搏击等技能最初是出自人类的本能活动。在农业没有充分发展起来的时代，狩猎是人们赖以生存的主要手段。因此，奔跑的速度不仅直接影响到对野兽的猎获，而且关系到狩猎人的安全。

西班牙列文特岩画——五个弓手

引自《世界美术史》第一卷，朱伯雄主编，山东美术出版社，1993 年。

我国古代的神话传说中有“夸父逐日”的故事，夸父是一个善于奔跑的巨人，他与太阳竞跑，一直追赶到太阳落下的地方。他感到口渴，想要喝水，就到黄河、渭水喝水。黄河、渭水的水不够，又去北方的大湖喝水。还没赶到大湖，就半路渴死了。他遗弃的手杖，化成桃林。夸父这一神话人物形象，具有超现实的想像和夸张的浪漫主义魅力。反映了古代人民探索、征服大自然的强烈愿望和顽强意志。

夸父逐日

引自《最受欢迎的经典故事》，郝华等编，浙江少年儿童出版社，2009年。

中国古代“走”往往与军事活动密切地联系在一起，士兵奔跑能力的强弱是战斗力强弱的一个重要指标。《墨子·非攻》篇中记载：“古者，吴阖闾教七年，奉甲执兵奔三百里而舍焉。”被阖闾训练七年之后的士兵，能够手执着兵器，全副武装地长跑三百里后再宿营，这个距离相当于现在的一百零五公里。元代时，中长跑被列为一项培养士兵体力和耐力的军事训练项目。元世祖忽必烈实行“贵由赤”赛跑方式，来考查兵卒的训练成绩。“贵由赤”的蒙语意思是快行者。这种快行者的比赛，由朝廷委派“监临官”进行监督和裁判。赛跑的路线以大都（北京）为起点，以离宫上都（今内蒙古正蓝旗东闪电河北岸）为终点，或者以上都为起点，以大都为终点。两地距离一百八十里，要求三个时辰跑完全程。《六韬》和《心书》这两部兵书，也都强调了士兵跑的本领，“有轻足善步，走如奔马者，聚为一徒。”“善走”的士卒如同现代的特种兵一样，是特别受重视的。《水浒传》中的戴宗，日行八百里，因善走，外号神行太保。

“走”由指善于跑路又引申特指供人役使和乘骑的人，是奴隶社会一种最下层的奴隶。奴隶主骑牛嫌慢，骑马怕危险，于是便骑人。这些奴隶像牛马一样供人乘骑，在外休息时还被当凳子坐。供奴隶主骑、坐的奴隶的名称为“走”。后来为别人奔走役使的人也被称为“走”，后又引申为第一人称代词，表谦称。司马迁在《报任安书》的结语有“太史公牛马走，司马迁再拜言”，李善注：“走，犹仆也，言己为太史公掌牛马之仆，自谦之辞也。”张衡在《东京赋》中说：“走虽不敏”，其中“走”也是指代自己，都是古人的谦称。

宋朝时曾出现了一种官职“走马承受”。在北宋初年，为削弱地方势力，加强专制皇权，从中央到地方均建立了一套颇具时代特色的监察体制。“走马承受”便是地方监察体系中极为重要的一环，其全称为“诸路经略安抚总管司走马承受并体量公事”，其目的是差遣耳目来监视地方要员。虽然它仅仅存在了一百余年的时间，但其职权却涉及军事、政治等各个方面，是皇帝极为倚重的耳目之一，对维护宋王朝统治秩序的相对稳定起到了一定的作用。

对于行路，古汉语词汇分得非常细致，《释名》根据行的速度进行了划分：“两脚进曰行，徐行曰步，疾行曰趋，疾趋曰走。奔，变也，有急变奔赴之也。”两脚行一次在古代为一步，而现在的步，即迈出一脚，古代叫跬。荀子《劝学》中有：“不积跬步，无以至千里。”行是正常速度的走，步是慢走，趋是快步走，相当于现在的小跑，疾趋就是跑。奔是飞跑。《尔雅》依据行的场地又有划分：“室中谓之时（来回走动），堂上谓之行，堂下谓之步，门外谓之趋，中庭谓之走，大路谓之奔。”

古代“走”是“跑”，那么“跑”是什么意思呢？“跑”字出现较晚。王力先生说：“跑是兽类前脚刨地的意思。”今浙江有虎跑泉，“跑”的读音为 páo，表示扒土，虎跑泉即虎刨地刨出的泉。唐代马戴《边将》诗“红缰跑骏马，金镞掣秋鹰”中的“跑”已经是“奔跑”的意义，不过仍是指兽类而言。以“跑”代“走”始于南宋。如南宋话本《十五贯戏言成巧祸》：“先生慌忙爬起来，只恨爹娘少生两脚，一口气，跑过桥来。”

“走西口”是清代以来成千上万的晋、陕等地老百姓涌入归化城、土默特、察哈尔和鄂尔多斯等地谋生的移民活动。清代是中国人口发展史上的一个重要时期。清初通过康雍乾三世的恢复发展，到乾隆朝全国人口突破三亿大关。人地矛盾尖锐，大量内地贫民迫于生活压力，“走西口”、“闯关东”或“下南洋”，形成近代三股大的移民浪潮。山西北部土地贫瘠，自然灾害频繁，生存环境的恶劣迫使晋北很多人到口外谋生。“河曲保德州，十年九不收，男人走口外，女人挖野菜”的山西旧谣充分说明“走西口”者多为自然灾害引起的饥民。“走西口”是一部辛酸的移民史，是一部艰苦奋斗的创业史。一批又一批移民背井离乡北上口外蒙古，艰苦创业，开发了内蒙古地区。

现代汉语中，“走”的词汇意义逐渐虚化出“呈现某种趋势或状态”这一新的抽象意义，成为一个新兴的“类词缀”。如“走软”、“走俏”、“走红”、“走多元”等。

在甲骨文中，“走”字就已经出现了。经过了几千年的奔走，人们放缓了走的速度，但却走向了更广阔的空间。

生活之物质篇

岂曰无“衣”

从最原始的生存需求到最直接的文化展示，衣所传达的更多的是孜孜不倦的追寻。当人类用风情和智慧裁制出绚丽多姿的衣时，衣的物质属性渐趋模糊，多样的文化沉淀其中，衣由此而厚重了。衣同为裔，这是华夏民族体表的宣言和内心的坚守。

我们的祖先最初缀叶为衣，把树叶或兽皮连在一起制成衣服。《白虎通义》中说：“太古之时，衣(yì)皮苇，能覆前不能覆后。”蔽体意识是人类知荣辱的最初表现。从出土文物考察，在北京周口店山顶洞人遗址中，发现有 1 枚骨针和 141 件钻孔的石、骨、贝、牙装饰品。证实当时已能利用兽皮一类自然材料缝制简单的衣服。大量的装饰品也说明几乎是从服饰起源的那天起，人们就已将生活习俗、审美情趣、文化心态、宗教观念沉淀于服饰之中，构筑了服饰文化的精神内涵。

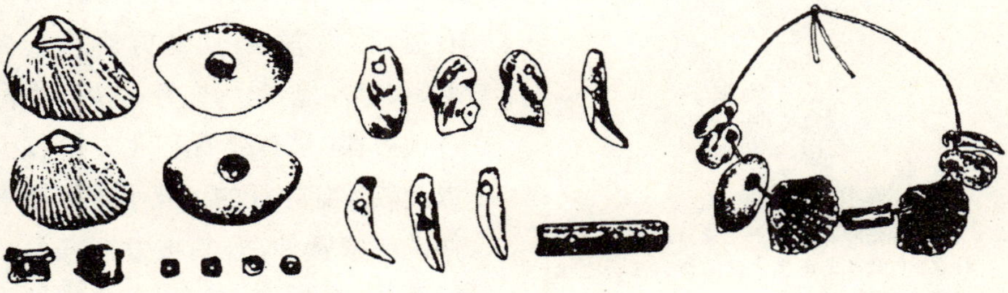

山顶洞人的饰物

引自《中国服饰文化》，张志春著，中国纺织出版社，2009 年。

传说，黄帝的妃子螺教人民种桑树、养蚕、抽丝、织布。中国人是世界上最早养蚕、织丝的国家，在浙江省吴兴曾出土了五千年前人类遗留的丝织品，证明很早以前我国就会养蚕并最先开始养蚕织布技术。同时，中国人最迟在龙山文化时期开始学会纺织麻布，利用麻纤维织布。传统上，中国古代纺织是桑麻并举的，因为桑蚕有气候限制，丝织品较为昂贵，中国古代更为普遍使用的纺织品是麻织品。棉织品出现得很晚，要到唐代中期出现，明代才成为主流衣物。

甲骨文中的“衣”字作、、，又有笔画较繁复的、、等形体。金文“衣”大多笔画简单，写作。“衣”的小篆形体作，基本承袭了甲金字形。这些字形使我们能够很形象地看出先民“衣”的基本形态：上边是衣领，下边是衣襟，两边是衣袖。“上衣下裳”，是中国早期衣裳制度的基本形式。《诗经》里的“绿衣黄裳”，就是指绿色的上衣，黄色的下衣。这里的下衣——裳，并非裤子，裳在最初只是将布裁成两片围在身上，是兽皮遮羞布的发展。到了汉代，才开始把前后两片连起来，成为筒状，这就是现在所说的“裙”，男女皆可穿。这种形制的衣服也直接造成古人以跪坐为主，而箕踞是一种极

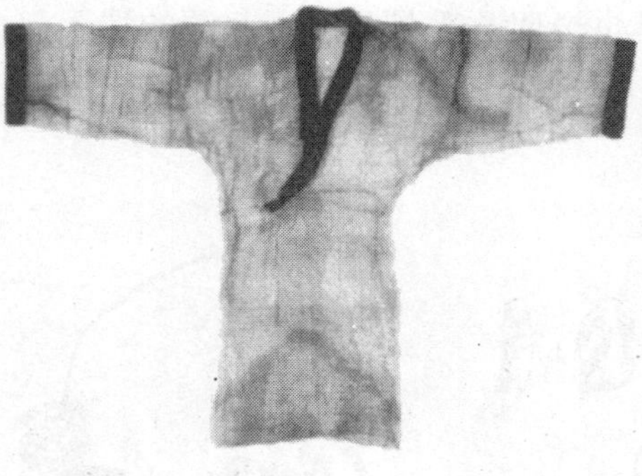

长沙马王堆出土素纱禅衣
引自《中国古代文化常识图典》，王力主编，中国言实出版社，2002年。

其不礼貌的行为，为世俗所不容。

衣不左衽，是华夏先民服饰操守的底线。上古时代，上衣多为交领斜襟，中原人崇尚右，习惯上衣襟右掩，称为右衽；而北方诸族崇尚左，衣襟左掩，是为左衽。按照中国古代习惯，只有死者和北方游牧少数民族才穿左衽的。孔子曾赞扬管仲说："微管仲，吾其被发左衽矣。"意思是，如果没有管仲，我就被异族统治，像他们一样披散着头发，穿大襟开在左边的衣服了。显然，孔子对于着左衽之服的异族是不屑的，左衽也成为了野蛮不文明的代称。

在衣食匮乏的时代，衣是生民之本，因而，含"衣"的词，多饱含着人们彻骨的关注。如"衣钵"原是指僧尼的袈裟和食器，代表着僧尼的一切所有，后引申为师徒间学艺上的继承。自古以来，"衣冠"于华夏，就是文明的代言词。西晋末年，中原地区战乱，中原汉人第一次大规模南迁，史称"衣冠南渡"，即中原文明南迁。衣冠又是人的贴身之物，人们为了表达对一个故去的人的纪念和尊敬，如果没有或不能安放他的遗体，就会埋葬一些他的衣物，以寄托哀思，这样的墓便被称为"衣冠冢"。历史上，成吉思汗、项羽、史可法、诸葛亮等都有其衣冠冢留下。孙中山先生1925年逝世于北京，灵柩暂厝于北京香山碧云寺后金刚宝座塔中。1929年移葬南京，衣冠则葬于香山碧云寺。

衣为身章，随着丰衣足食的到来，衣成为了身份地位的标志，气质修养的体现。"服分等级，饰别尊卑"，儒家文化明确地将服装纳入礼教范畴。在古代社会，不仅官吏士大夫的服装有严格的等级区分，不可僭越，社会其他人的服装也依身份、地位、性别而定，不可混淆，由此，衣服也就成为统治者

孙中山先生衣冠冢
引自《香山公园志》，香山公园管理处著，中国林业出版社，2001年。

管理社会、规范秩序的工具之一。如周代的官服制度，同为裘服，也要根据皮质、颜色来划分等级。天子穿白狐裘，诸侯士大夫穿青狐裘、黄狐裘，庶民则穿犬羊裘。又如，在汉朝"红衣为上服，青绿较次，隶卒衣黑，平民衣白，罪犯衣赭。"我们现在的口头语"不分青红皂白"本义即是指对服饰颜色划分的不遵循。"服之不衷，身之灾也。"《史记》里记载武安侯田恬因穿了短衣襜褕入宫，不合礼仪，即被取消了爵位和封地。

自从衣服被贴上了礼制的标签，衣帽取人就是不可回避的社会现实。一边是贵族阶层的峨冠、珠履、黄裳、纨绔，一边是庶民的黔首、草屦、布衣、褐夫。强烈的服饰等级差异，使得脱下平民衣去当官成为了百姓的"释褐"之梦，而随后的"衣锦还乡"更是能够带来心理上的极大满足。但是圣人不同，"衣褐怀玉"者大有人在。刘向《说苑·善说》中谈到：有个叫林既的人穿着牛皮衣去见齐景公，齐景公问："这是君子的服装呢？还是小人的服装？"林既忿然作色道："从服装能看出士人的品行吗？你看，楚国人佩长剑戴高冠，出了个令尹子西（人名）；齐国人穿短衣戴顶烂帽子，出了管仲；越国人剪发文身，不也有范蠡、文种么？西戎左衽椎髻，也有由余（人名，秦穆公谋士）呢！如您所言，着狗皮袍子的会狗叫，着羊皮袍子的会羊鸣，您穿着狐皮袍子，怎么说？”

汉代深衣

引自《中国服饰收藏与投资全书》，陈小启主编，天津古籍出版社，2006年。

最能表现出华夏伦理道德思想的衣服要数“深衣”了，从字面上看，就是用衣服把身体深深地遮蔽起来，这是汉族含而不露的民族性格的表现。深衣约出现于春秋战国之际，是诸侯、士大夫下朝后闲居时穿着的衣服，也是庶人的吉服。深衣在制作中，先将上衣下裳分裁，然后在腰部缝合，成为整长衣，以示尊祖承古。深衣的下裳以十二幅裁片缝合，以应一年中的十二个月，这是古人崇敬天时意识的反映。采用圆袖方领，以示规矩，意为行事要合乎准则；垂直的背线以示做人要正直；水平的下摆线以示处事要公平。由于深衣的裁剪本身蕴涵着礼制，且雍容典雅，因而成为礼服的标准式样。现代人文学者曾建议将深衣作为华夏服饰文化的代表，甚至作为国服。

宽大飘逸、流畅拔俗的中国服饰也是文人性情的最好表现。宽大的服饰之所以受文人喜爱，一是能够表明读书人的身份，说明其不需要参加繁重的体力劳动；二是文人追求个性和超脱，以飘逸出尘的服饰来彰显自己不羁的性情。褒衣博带是一种内在精神的释放，文人重神理而遗形骸，强调返本归真，无拘无束。中国服饰的灵动与飘逸恰恰契合了文人精神境界的需求。浪漫主义诗人屈原的“带长铗之陆离兮，冠切云之崔嵬”“灵衣兮被被，玉佩兮陆离”，塑造了中国文人心中难以企及的形象。

精致与奢华是贵族服饰永恒的追求。从长沙马王堆出土的不到一两重的素纱禅衣，到河北出土的金缕玉衣，到唐时的百鸟裙，到清代的龙袍，精美绝伦的中国服饰一次又一次地震撼了世人。

中国的服饰是中国文化中的灿烂一笔，缕缕丝线，编织出了华夏民族的锦绣和文明，一脉相承的华夏服饰，造就了同衣的凝聚力。如今的服饰，尽管充斥着新奇与个性，但亘古而来的衣之情愫穿越纷繁，化为千丝万缕，维系在了每一个炎黄子孙的心间。

不知“肉”味

历史记述，公元前517年，孔子来到齐国，听到了美妙的韶乐。乐声萦绕，孔子如痴如醉，此后竟“三月不知肉味”。后来人们常用“不知肉味”来形容做事专一，全神贯注，别的事都不放在心上。同时，这个“不知肉味”，也让我们从一个侧面了解到肉食也是孔子所爱的。孔子曾说：“自行束脩以上，吾未尝无诲焉。”意思是只要自愿拿着十条干肉为礼来见我的人，我从来没有不给他教诲的。脩（音 xiū）即干肉，束脩就是扎起来的十条干肉。后来，“束脩”就成了学生给老师的学费的代称。

在先秦时期，“肉”特指禽兽的肉，而表示人的肉称为“肌”。段玉裁在《说文解字注》中曾指明：“人曰肌，鸟兽曰肉，此其分别也。”同理，“皮”和

“肤”的分别也是如此，人皮曰“肤”，兽皮曰“皮”。所以人们在诅咒某人时会说“食其肉，寝其皮”，这就是把人当作兽来看待。

肉食是热量、蛋白质和脂肪的集中，是人类重要的能量来源，在很多民族的文字中都早早出现了“肉”字。如“肉”在纳西族东巴文中写作，在水族的水文中写作，在埃及文字中写作，都是象形字，都画了一块肉的形状。汉字也不例外，甲骨文中就已出现，写作，像切下的一大块供食用的肉。在卜辞中，“肉”多用作本义，如“贞，呼取肉”（合集六五〇七）。金文中多加出一道表瘦肉的纹路。《包山楚简》和《汗简》中“肉”分别作、。这与篆文的“肉”已经相差不远了。篆文“肉”作，写成圆转笔画且仍在中间加一画，遂与“月”字相近了。隶变后，楷书单用时写作“肉”，作偏旁时多数（一般在左侧）写作“月”。这就造成了汉字中肉月旁部首的产生。以肉月旁为偏旁的字，字义大致在两个范畴中，或与月相关，或与肉相关。如“阴”、“朝”、“朦”、“胧”等，字义都和月有关。而“肝”、“胆”、“肺”、“肠”、“胃”等，字义都是身体器官的一部分，都和肉相关，且这一类字在肉月旁的字中占绝大多数。

还有一些与肉相关的字由于常用意义的演变，我们现在已经看不出“肉”义。如“多”，甲骨文写作，就是两块肉，表示多多益善；“有”，金文写作，以手里拿着一块肉表示拥有；“胡”原义是兽颈下肉；“脱”本指肉去皮骨。“膳”字带个肉月旁，本表示肉食为膳，“六膳”就是指牛、羊、犬、猪、鱼、雁六种肉食品，而五谷煮的素食叫饭。所以膳、饭虽是同一类概念，含义却不一样，老百姓们说吃饭，家常便饭，而帝王叫做用膳。

人类的美食情愫源远流长。在古代，我们的先民们就创制了很多种加工肉食的方式，许多沿袭至今。如“炙”，即烤肉，小篆写作，下面是火，上面是肉。烤肉的方式直到现在依然受到人们的喜爱，历久弥新的背后不是思古之幽情而是真实的美味的诱惑。在汉画像石中可以看到很多烤肉串的情景，有些是出现在极大场面的宴饮中。

成语“脍炙人口”，意即如脍、炙那样为人所同嗜，因而被人们口头传诵，

烤肉串·汉画像石拓片

引自《中国古代文化常识图典》，王力主编，中国言实出版社，2002年。

这里把脍与炙视为同类的美味。脍，最初的意思是指切细的生肉，加上配料和调料后直接生食。《汉书·东方朔传》："生肉为脍。"周朝的时候，中国人已经可以把肉片切得非常细薄来显示生活的精致了，孔子曾强调要"食不厌精，脍不厌细"。现在日本的生鱼片，还用这个"脍"字，因脍的原料主要为鱼，有的地方写成"鲙"。中国古代的鱼脍，讲究切得愈薄愈好，有时进一步切成细丝，称作"脍缕"。唐朝段成式的《酉阳杂俎》里记述了一个善于切脍的高手南孝廉，"能作鲙，縠薄缕细，轻可吹起。"

《孟子·尽心下》中公孙丑曾问孟子："脍炙与羊枣（盖即今所谓黑枣）孰美?"孟子曰："脍炙哉!"接着，孟子还说："脍炙所同也"，意思是脍炙是人们共同喜好的。从孟子的感叹语气中，我们不难看出，在当时人的心目中脍与炙一样都是美味。脍与炙虽是美味，但生食和烧烤，不能完全杀灭食物中的病菌和寄生虫，容易使人生病。明朝的李时珍就告诫过，多吃生鱼片，对健康有害。他在《本草纲目》中写道："鱼脍肉生，损人尤甚，为症瘕，为固疾，为奇瘤，不可不知。"

加工肉食的方法还有醢。醢即肉酱，制作醢的方法是，先把肉晒干，然后切捶得很碎，拌入粱粟和盐，淋入美酒，装入瓮中，酿制百日后即可食用。先秦时一般不单独食用醢，而是将其盛入食器中上席，与其他食物配合食用。醢因是以肉为主要原料，比一般的蘸料要珍贵得多。据史书记载，醢品种有牛、羊、犬、豕、鸡、鹿、麋、雁、鸽、蜗牛等十多种，在周代官制中专门设置了"醢人"一职掌管醢的制作。醢又称肉糜。晋惠帝执政时期，有一年发生饥荒，百姓没有饭吃，晋惠帝闻讯，问左右道："百姓无粟米充饥，何不食肉糜？"晋惠帝的荒唐成就了"何不食肉糜"的千古笑话，而百姓们的饥荒之苦又增添了绝望和无奈。

智慧的错位就是灾难。烹饪中的聪明才智后来被移植到了刑罚中，在史书典籍中如醢刑、烹煮、炮烙、脯刑等屡见不鲜。醢刑即把人剁成肉酱的酷刑。孔子的弟子子路曾经在卫国做邑宰，后卫国发生内乱，子路战死，被剁成了肉酱，孔子听到子路的死讯后，把正要吃的醢倒掉了，此后不愿再见到醢，这便是孔子的"覆醢"。

羹，最初也是一种肉食，上古指带汁的肉。《左传·隐公元年》："颍考叔有献于公（郑庄公），公赐之食。食舍肉。公问之，对曰：'小人有母，皆尝（吃）小人之食矣，未尝君之羹。请以遗之。'"先说颍考叔留下肉不吃，而后说要把羹带给母亲，说明羹是以肉为主的。可以做羹的肉种类很多，除牛、羊、豕三牲外，犬、鸡、豺、熊、蛙、鼋、鹑、蟹、鱼等均可做羹。羹的特点为五味调和，因此又叫和羹。

古人会想办法把一次吃不完的肉类食物储藏起来，脯腊（xī）就是主要保存方式之一。脯腊也叫生干，是咸肉干的统称。脯，《说文》释为"干肉也"。腊，指把小的禽兽如雉、兔等整个风干。据《周礼·腊人》郑玄注：大动物成条片而干为脯，小动物整体而干为腊。凡肉皆可做脯，如牛、羊、豕、鹿、鱼等。夏代的暴君桀曾营造了"肉山脯林"的奢靡景观，肉食者鄙自此可见。

肉本是佳肴美食，但因肉食的缺乏和分配的不公，肉的滋味就变得复杂了。鸡豚狗彘的饲养是要耗费大量粮食的，只有在粮食产量较高且能提供相当的剩余产品时，才可能使养殖业扩大规模而提供民众消费得起的肉类产品。《孟子·梁惠王上》说："鸡豚狗彘之畜，无失其时，七十可以食肉也。"七十者食肉成为了普通百姓的理想，而统治者是可以终身享受肉的美味的，因此，"肉食者"成为了统治阶级的同义词。"朱门酒肉臭，路有冻死骨。"杜甫的名句刻画出了"肉食者"和劳苦大众之间鲜明的阶级对立。"吃肉喝粥"成为了两个阶级生活差异的常态表现。后来，人们还常以"某某吃肉，某某喝粥"来表示社会分配的不公。更甚之，"弱肉强食"、"鱼肉百姓"等表达出的是更强烈的阶级矛盾。夺肉之争惹来的是是非非，使得"肉"不再是单纯的美食。

"肉"除了表示肉食，还可用来表示环状物的外体部。古代圆形玉器或钱币等的环状实体部分称"肉"，孔洞部分称"好"(hào)。两者的比例有严格的规定，《尔雅》云："肉倍好谓之璧，好倍肉谓之瑗，肉好若一谓之环。"

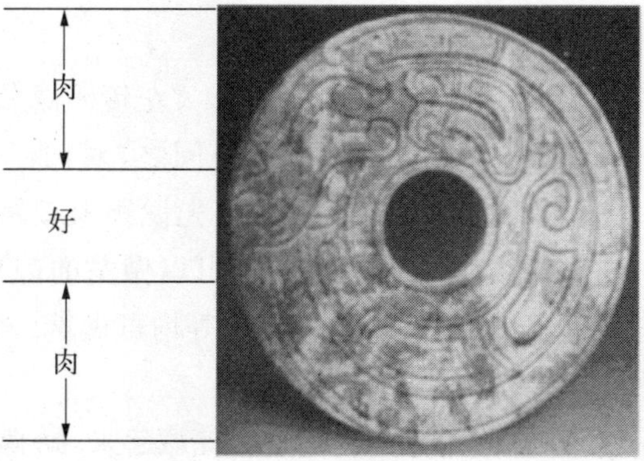

玉璧的肉和好

引自《中国玉石学概论》，廖宗廷等主编，中国地质出版社，2007年。

食有鱼——谈“鲁”

汉语中有个成语叫“鲁鱼亥豕”，是指书籍在撰写或刻印过程中把“鲁”字错成“鱼”字，把“亥”字错成“豕”字，“鲁鱼亥豕”常简写为“鲁鱼”。一些学者著书立说，常在后记中声明自己文中“俯拾皆为鲁鱼”，以示自谦。

现代汉语中“鲁”和“鱼”各有自己的常用义且相互之间无牵涉。于是有些人不解，汉字中形近的字太多，比“鲁”和“鱼”字形更接近的还有，古人如何会纠结于这两个字。重观古汉字我们就会知晓，“鲁”和“鱼”之间枝附叶连，关系密切。

“鲁”，甲骨文写作，也有作、、等形体，无论字形繁简，上部均为鱼，下部皆为口，“鲁”的本义是吃鱼。金文的鲁字，上部同甲骨文，下部口

中多了一横，表示尝到的美味，本应写成“甘”字，但后来讹变为“日”字了。因鱼为佳肴美食，所以“鲁”字本表示鱼味道鲜美，引申就有了嘉美吉祥的意思。甲骨卜辞中常见“吉鲁”一词，表示占卜的结果“嘉，吉利”。如卜辞“王固曰，吉鲁”（乙七七八一反）；又如卜辞“其雨才宙，鲁”（后上三一·二），意思是雨降在植物“宙”上，是件好事情。

在渔猎时期，鱼曾是华夏先民生殖崇拜的对象，也是华夏先民历来嗜好的美味佳肴。在半坡曾出土了一个新石器时代的人面鱼纹彩陶盆，盆内的图案描画了一童子神情悠然，鱼置口边，似乎在享受鱼的美味，这也许可看作是最早的“鲁”。人面鱼纹彩陶盆后来被考古专家考证为夭折的小孩棺材上的棺盖，那么这幅图当寄托着人们希望这个不幸的孩子身后过上“食有鱼”的富足美好生活的愿望。

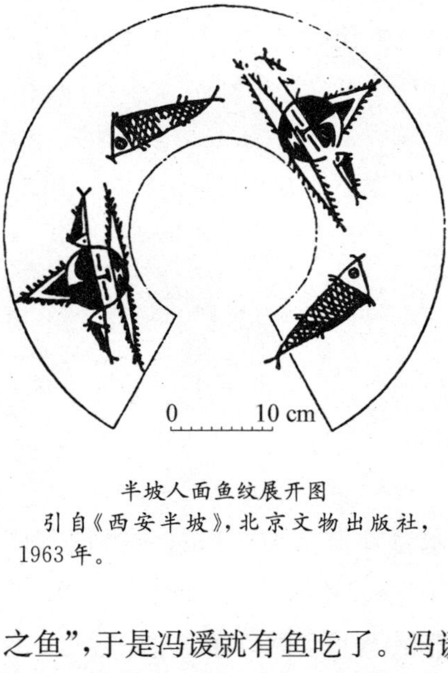

半坡人面鱼纹展开图
引自《西安半坡》，北京文物出版社，1963年。

古人用餐，讲究“食有鱼”，不仅因鱼的美味和营养，还因鱼蕴涵着的众多美好的寓意。曾经，冯谖是孟尝君的一个食客，在刚刚投靠孟尝君的时候，不受重视，于是弹铗（剑）而歌“谖兮归来乎，食无鱼”，孟尝君闻之，下令曰：“食之鱼”，于是冯谖就有鱼吃了。冯谖对鱼的诉求，实则是希冀更高的生活水准。“出有车，食有鱼”是古人心目中的小康生活。

在历史的演变中，“鱼”、“鲁”二字渐行渐远。“鱼”字仍是餐桌上的主力，而“鲁”字的常用义已远离厨房，发生了很大的变化，其意义的演变过程可能是这样的：一支由“嘉美”引申为“大”，如称大碗为鲁碗；由“大”引申为“粗”，由“粗鲁”又引申出“鲁钝”的常用义。一支飘至华夏北部且雄踞一方，即鲁国，后来成为了山东的简称，与“鲁”相关的也皆为“鲁族”。如山东人为鲁人，山东菜系为鲁菜，山东的老粗布近来也被命名为鲁锦。中国各地有各地的特产，这是环境、历史和文化的结晶。“鲁斤燕削”就是指鲁国的刀和燕国的斧头本是各地的特产，质量都很好，但是如果易地生产，在鲁国造斧头而在燕国制刀，那么做出来的产品就会等而下之。这个成语现在常用来比喻由于地域等条件限制，学习模仿达不到原来水平。

历史上，孔子是鲁国人，晚年居鲁教授弟子，后世因称“鲁叟”。“鲁壁”则特指汉代初年山东曲阜孔子故宅的墙壁。史载，西汉前期，鲁恭王刘馀拆毁孔子故宅，在墙壁中发现孔子后代藏匿的数量巨大的竹简文献，使得孔子典籍得以躲过秦始皇焚书坑儒和战火浩劫而传于后世。

在抗日战争时期，国民党政府把故宫博物院的十万多件国宝藏于四川乐山，乐山人用生命保存了七年，最后完好无损地奉还。时任故宫博物院院长的马衡先生为乐山人题匾“功侔鲁壁”，其中“功”即功劳、功绩，“侔”（音 móu）为等同、相当，这是肯定了乐山人为保护故宫国宝做出了与“鲁壁”相同的贡献。

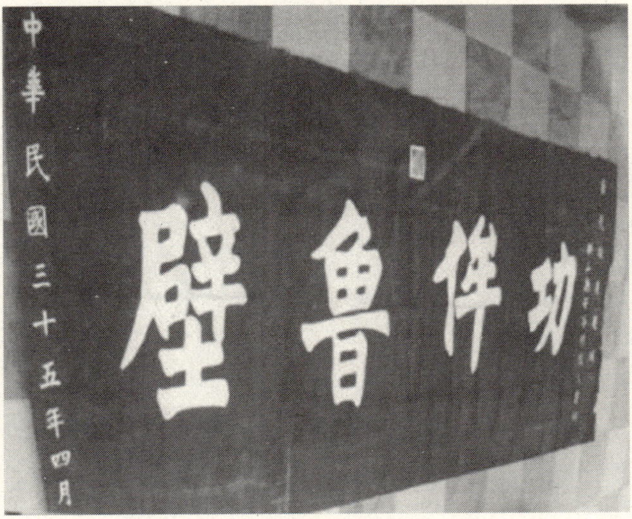

“功侔鲁壁”的牌匾

引自《四川城镇民俗文化传承与创新》，四川民俗学会主编，四川大学出版社，2007 年。

山东号称“齐鲁大地”，是因历史上这里是齐国和鲁国的所在地，但简称却是“鲁”。稍有历史知识的人都会产生这样的疑问，齐和鲁都是春秋战国时的诸侯国，齐大鲁小，齐强鲁弱，后来齐更是灭了鲁，战国时根本没有鲁国了，山东为何不简称“齐”？答案还在于中国传统的礼教制度。虽然齐国的国力比较强盛，但是鲁国代表的是山东的乃至整个中国的礼仪和文化。当初周武王分封天下，把齐国分给了姜子牙，鲁国分给了周公旦，即周武王的亲弟弟。虽然齐国大鲁国小，但鲁国是王室的嫡传，传承了周的文化，礼乐制度保存完好，时人称“周礼尽在鲁矣”。再加上孔子的名人效应，所以后来山东以鲁命名。

由飘着鱼香的佳肴到成为了一个地域的历史与荣耀的承载，“鲁”字的变化可谓沧海桑田。尽管“嘉美”之意已与“鲁”有如前世今生，但是众多如“鲁”的汉字是岁月酿出的沉香美酒，细细品酌，方可感知中华韵味。

“醋”意千年

老百姓们常说“开门七件事，柴米油盐酱醋茶。”酸溜溜的醋味贯穿古往今来的餐桌，挑动着众生的味蕾。据媒体报道，全国现在年消费食醋330万吨左右。在中国这样的食醋大国里，醋的历史与文化也是别有一番滋味的。

通常认为醋在西周时开始被酿造，但也有人认为醋起于商朝或更早。《周礼·天官》中记载王室专门设有“醯人”一职，“醯”是一种酸性调味品，即醋的前身。醯人的官制规模在当时仅次于酒和浆，说明食酸在帝王日常饮食生活中已占有重要地位。《论语·公冶长》“子曰：‘孰谓微生高直？或乞醯焉，乞诸其邻而与之。’”可见，到春秋时醯已成为普通百姓的寻常用品。表调料的醋古代称为“酢”。《齐民要术》有“作酢法”，自注：“酢，今醋也。”宋史绳祖《学斋占毕》里说:“《九经》中无‘醋’字,止有醯及和用酸而已,至汉方有此字。”但最初出现的“醋”,也并不是用来表示调料的,而是指宴席上客人以酒回敬主人的礼节。《说文》:“醋,客酌主人也。”《玉篇·酉部》:“醋,报也。进酒于客曰献,客答主人曰醋。”直到北魏“醋”才被用来表示调料,可见以“醋”来表示今天食用的醋是相对比较晚的事情。

山西明清制醋工具

引自《吃到公元前:中国饮食文化溯源》,张宇光编著,中国国际广播出版社,2009年。

在日本,食用的醋至今还被称为“酢”。在汉字中,“酢”本来表示醋,现在用作酬酢义;而“醋”本表示酬酢义,而现在用作醋,这是文字发展中的互讹现象。《徐锴系传》:“酢,今人以此为酬醋字,反以醋为酒酢,时俗相承之变也。”

山西人善酿醋,酷爱吃醋,素有“老醯儿”之称。山西人无醋不餐,无醋不欢,“虽有佳肴,不食醋不知其滋味也。”此语正道出了“老醯儿”对醋与众不同的感情。山西是唐尧的故地,唐尧时山西人就学会了酿酒,但那时酿出的一般都是黄酒。黄酒不易存放,顶多半月二十天就会变酸,但山西人生性节俭,不舍得把酸酒倒掉,就常常忍着酸味把它喝掉。时间长了觉得喝这酸酒消食健胃、强筋活血,一日不吃反觉周身不爽。于是,就逐渐养成了这个比喝酒都有味的嗜好,且世代相传下来。那时还没有“醋”这个字,人们就根据这个传说造出了一个“醋”字:左边为酉旁,右边是昔字,昔拆开为廿一日,意为酒经二十一日后变酸而成了醋。这虽是个造字的传说,但醋和酒同源同宗应是不错的。山西人以爱食醋而全国闻名,蒋冯阎大战时,阎锡山的晋军被蒋介石的军队围困在一个山头上,时值炎夏三伏天,酷热难当,断水断食,但晋军虽被包围了三天三夜仍安然无事。原来,晋军每人的腰里都挂有一个醋葫芦,渴了抿上一口,又解渴又提神。后来兵败被俘，晋军把武器装备统统都缴了，但就是死也不缴醋葫芦。蒋军不明就里，以为是什么“宝葫芦”呢，就一连击毙了几个不缴葫芦的晋军，待解下死者腰里的葫芦一看，原来是些醋葫芦。后来就有了山西老醯“缴枪不缴醋”的故事。

在调味品中，陶谷《清异录》称：“酱，八珍主人也；醋，食总管也。”他把酱列为第一，醋列为第二。李石《续博物志》：“仙家谓醋为华池左林。”各个时期，各个地域，都有佳醋留名。唐有“桃花醋”，元有“杏花酸”，明有“正阳伏陈醋”。明以后，醋的品种日益增多。李时珍《本草纲目》中，记有“米醋”、“糯米醋”、“粟料醋”、“小麦醋”、“大麦醋”、“饧醋”、“糟糠醋”等多种配方。中国各地物产气候不同，产生了各具特色的地方食醋，其中山西老陈醋、镇江香醋、永春老醋、四川保宁醋并列“中国四大名醋”。

虽然醋在养生保健的观念里地位越来越显著，但是情感上的吃醋却是喷薄自心底的翻江倒海的感觉，是让人难以消受的滋味。吃醋的典故出自唐朝的宫廷里。唐太宗为了笼络人心，要为当朝宰相房玄龄纳妾，房夫人出于嫉妒，横加干涉，就是不让。太宗无奈，只得令房夫人在喝毒酒和纳小妾之中选择其一。没想到房夫人确有几分刚烈，宁愿一死也不在皇帝面前低头，于是端起那杯“毒酒”一饮而尽。当房夫人含泪喝完后，才发现杯中不是毒酒，而是带有甜酸香味的浓醋。从此便把“嫉妒”和“吃醋”融合起来，“吃醋”便成了嫉妒的比喻语。

醋虽有营养，但毕竟只是调料，不是饮料，不适合多饮。唐时有一个食醋的故事。唐军使李景略设宴招待属下将领，其中，判官任迪简迟到了。按例，迟到者要罚酒一巨觥，结果倒酒的军吏粗心，把醋甏错当酒甏，给任迪简倒了一巨觥醋。任迪简深知李军使生性严酷，如声明觥中是醋，倒酒的军吏必死，于是只好把一巨觥醋一饮而尽。结果，他离席时吐了不少血。军中壮士闻听此事，都很感激他。李景略死后，军中便报请朝廷让任迪简为主帅。任迪简从此平步青云，一直官至节度使。他的升官由于起因于喝醋，所以被称做“呷醋节度”。

醋在古代不仅作为人们日常食用的调味品，同时具有不可忽视的药用价值。俗话说“家有二两醋，不用去药铺”。清人王士雄在营养学专著《随息居饮食谱》中指出了醋的医学功效：“醋温。开胃，养肝，强筋，暖骨，醒酒，消食，下气，辟邪，解鱼蟹鳞介之毒。”随着人们对醋的认识的加深，近年来，醋的杀菌、保健、美容功效越来越受到重视，醋渗入到了现代人生活的方方面面。

封建社会读书人又被称为“酸文人”。这个带有贬义的称呼，是由“醋子”、“酸子”演化而来的，它们均出自隋唐时期新郑市的“酸沟”。相传，唐代前后，新郑东郊有不少读书人，虽有知识，但穷苦潦倒，难入仕途，为生活计，只好酿醋卖醋。这些人用驴驮醋，到城区叫卖。因衣冠楚楚，不同于一般商人，也不同于平民百姓，人们叫他们为“醋子”，俗称“酸文人”。由此，“酸”就成为了旧时不得志的读书人的标签，“酸文人”、“酸秀才”、“酸儒腐丁”也约定成俗，成了潦倒文人的代名词。

醋用瓶子盛装，学问不深的读书人或技艺不精的手艺人就被隐喻为“半瓶醋”，比喻对某种知识或某种技术只略知一二的人。说自己表示谦虚，说别人表示看不起别人。“一瓶子不满，半瓶子逛荡”也是此意。

“豆”中“豆”

豆类的营养价值非常高，我国传统饮食讲究“五谷宜为养，失豆则不良”，意思是说五谷是有营养的，但没有豆子就会失去平衡。现代营养学也证明，每天坚持食用豆类食品，只要两周的时间，人体就可以减少脂肪含量，增加免疫力，降低患病的几率。人们在津津乐道于各种豆的营养价值时，可曾想到豆的前身是不可食用的，它只是盛食物的器皿。

中国是非常注重饮食的国度，这从名目繁多的古代食用器具即可看出，如鼎、鬲、镬、甑、簋、盙、豆、盂等。这些食器分工明确，用途各异。《国语·吴语》中记述“觞酒、豆肉、箪食。”即觞是盛酒器，豆是盛肉的，箪是盛饭的。在豆作为盛肉器之前，也曾一度作为盛黍、稷等主食的器皿。

大汶口出土彩陶豆
引自《图说中国文化饮食卷》，王仁湘等著，吉林人民出版社2010年。

豆的使用历史悠久，在大汶口遗址即有陶豆出土。早期的豆还有竹制、木制的。《尔雅·释器》记载："木豆谓之豆，竹豆谓之笾，陶豆谓之登。"后来作为礼器的豆多以青铜器做成，在日常生活中，豆多为陶制。

"豆"字甲骨文写作、、等形，这是食器豆的象形。豆的造型类似高足盘，上部呈圆盘状，盘下有柄，柄下有圈足。商周时豆多浅腹，粗柄，无耳，无盖。到了东周时期，豆的形制增加了盖子，文字也随之变化，金文中写作、、等形，上面增加一横表示盖子。《睡虎地秦简》中的"豆"作，小篆"豆"的字形承袭了秦简中的形体，写作，这与我们今天楷体的"豆"已经相差不远了。在甲骨文中未见"豆"本义的卜辞，但有用它作为地名的卜辞，如"甲子卜，叀豆田"(甲一六一三)。

战国漆豆
引自《漆画绘制技法》，袁元编著，黑龙江美术出版社，2003年。

商周时期的少数豆还有真腹、假腹之分。假腹豆的盛放容量只有真腹豆的一半，但表面看上去却显得和真腹豆盛得一样多。春秋战国时豆的形制较多，有浅盘、深盘、长柄、短柄、附耳、环耳等各种形状，上有盖可仰置盛放食物，亦有方形的豆。丰(豐)字甲骨文写作，像豆形的盛器中装满一串串玉，以此来表示富足。

豆最初是用来盛放黍、稷等谷物，后专用于盛置各种辅助性菜肴或腌菜、肉酱之类。由于这类食品名目甚杂，故贵族们宴饮时用豆数量非常多。使用时，豆常以偶数出现，按尊卑长幼，亦有数量多少之分。《周礼》载："凡诸侯之礼，上公豆四十,侯伯豆三十有二,子男豆二十有四。"《礼记·礼器》所言数量略少些:"天子之豆二十有六,诸公十有六,诸侯十有二,上大夫八,下大夫六。"《诗经》中有大量描写贵族宴饮场面的诗篇,大都提到豆的使用。在民间,对不同年龄段的老人,使用豆的数量也有讲究,《礼记·乡饮酒义》:"六十者三豆,七十者四豆,八十者五豆,九十者六豆,所以明养老也,非敢越制!"

因豆在餐饮中使用的普遍性,后来人们常用"觞酒豆肉"来泛指饮食。"俎"也是宴饮和祭祀中的常用礼器,常和豆连在一起使用,表示礼仪行为。如《论语》中卫灵公曾向孔子询问军队阵列之法,孔子答道:"俎豆之事,吾尝闻之矣;军旅之事,未之学也。""俎豆之事"指礼仪之事。在"孟母三迁"的故事中,孟母本来住在墓地、市场附近,都不理想。后来迁到了学宫附近,孟轲玩的内容改为"乃设俎豆,揖让退",这是学习一些礼仪举止。孟母认为搬到了一个好地方,可以住下去。

豆后来由食器引申为量具,又指容量单位。《小尔雅·广量》:"一手之盛谓之溢,两手谓之掬,掬四谓之豆,豆四谓之区。"意思是一把的容量叫溢,两把的容量叫掬(捧),四掬的容量为豆,四豆的容量为一区。豆还可作重量单位,刘向《说苑》记载:"六豆为一铢,二十四铢为一两。"先秦时期量制比较复杂,后来秦始皇统一了度量衡,"豆"随之退出度量衡作用。

我们现在常用的表示粮食的豆古代称为"尗",《说文解字·尗部》:"尗,豆也。象豆生之形也。"与之相关的"叔"字的本义是拾取,取象是以手(即又,甲骨文写作,画手形)捡拾豆。后增加草字头,写作"菽",作为豆子的总称。《诗经》有采菽篇,"采菽采菽,筐之筥之。"记载了当时人们采摘豆的情景。清朱骏声《通训定声》:"古谓之尗,汉谓之豆,今字作菽。菽者,众豆之总名。"可见从汉代开始,表示食器的豆已经假借来表示豆子。之所以会有这种假借关系,是因为古音中舌头音和舌上音不分,"菽"与"豆"的古音相近。

豆在中国种植有四千多年的历史,在古代是重要的粮食作物,也是人们的主食之一。因为豆的生长力旺盛，产量在古代来说也是很可观的，对百姓来说还是主食，因此豆也就倍受人们的欢迎。《战国策·韩策一》:“韩地险恶，山居，五谷所生，非麦而豆。民之食，大抵饭菽藿羹。”这是说韩国地形险恶，老百姓居在山间，不是种麦就是种豆。人们大多是煮豆为饭，豆叶做羹。秦汉时期豆曾经一度作为主食，西汉《氾胜之书》上说:“大豆保岁易为，宜古之所以备凶年也。”古代常以“麦饭豆羹”来形容生活水平低下，可见豆做主食并不受欢迎。《荀子·天论篇》:“君子啜菽饮水，非愚也，是节然也。”“菽水”就是豆和水，亦指简单而平常的饮食，后常用“菽水承欢”来比喻家虽贫穷，却还能尽孝道。大豆作为主食，加工方法比较简单，通常是普通的水煮或是磨成粉以后做豆饼吃。相传汉代淮南王刘安始创豆腐术，后来豆腐成为了广受喜爱的食物。据《清异录》记载，人们呼豆腐为“小宰羊”，认为豆腐的白嫩与营养价值可与羊肉相提并论。

压豆腐
引自《中国古代发明图话》，赵海明等著，北京图书馆出版社，1999年。

因豆粒小，豆又引申出“小”的意义来。如“目光如豆”是说眼光象豆子那样小，形容目光短浅，缺乏远见。“胆小如豆”是极言胆子小。

豆寓意也很丰富，在历史上演绎出了爱恨情仇。三国时期曹植的七步诗“煮豆持作羹，漉豉以为汁。萁在釜下燃，豆在釜中泣。本自同根生，相煎何太急!”流传千古。此后“煮豆燃萁”成为争权夺利，兄弟反目，手足相残的生动写照。

在所有豆类中，最富有浪漫情结的当数红豆。王维的诗:“红豆生南国，春来发几枝？愿君多采撷，此物最相思!”红豆作为相思寄托之物。相传，古时有位男子出征，其妻朝夕倚于高山上的大树下祈望。因思念边塞的爱人，哭于树下，泪水流干后，流出来的是粒粒鲜红的血滴。血滴化为红豆，红豆生根发芽，长成大树，结满了一树红豆，人们称之为相思豆。日复一日，春去秋来，大树的果实，伴着姑娘心中的思念，慢慢地变成了地球上最美的红色心型种子——相思豆。

“履”痕

人类之所以能够穿越蛮荒，站在现代文明的面前，是因为从未停下前进的脚步。我们难以想象我们祖先的那双饱经砥砺、布满胼胝的双脚走过怎样的荆棘与坎坷。在这沧桑行程的背后，同样承载艰辛的就是呵护过双脚的鞋子。让我们以敬畏之心，回顾鞋子的变迁，倾听古人的足音。

《诗经·小雅》“战战兢兢，如临深渊，如履薄冰。”这里的“履”是一个动词，表示踩，践踏，这是“履”的本义。最早鞋子被称为屦。朱骏声在《说文通训定声》中说：“古之屦，汉以后称履，今曰鞋。”晋人蔡谟说：“《易》、《诗》、《三礼》、《春秋传》、《孟子》皆言屦，不言履，周末诸子、汉人书言履。”可见鞋子的名称有一个从屦到履到鞋的发展过程，可以说屦是履的前世，鞋是履的今生。

屦是用草、麻、皮、丝制作，是一种单底的鞋，后也泛指鞋。一般夏天穿葛屦，冬天穿皮屦。成语“葛屦履霜”指冬天还穿着夏天的鞋子，比喻过分节俭吝啬。织屦、卖屦也是古代的一种谋生方式，庄子就曾经过着“处穷闾阨巷，困窘织屦”的清贫生活。古代因草鞋低贱易得，一般是不借给别人的，因此称鞋为“不借”。颜师古解释说：“不借者，小屦也，以麻为之，其贱易得，人各自有，不须假借，因为名也。”“屦”既是先秦表鞋子义的古语词，又有方言地域的特色。扬雄《方言》：“屦，履也，自关而西谓之屦。”

草屦

引自《服饰文化全览》，华梅主编，天津古籍出版社，2007 年。

在甲金文中没有发现“履”的字形，《睡虎地秦简》中“履”写作，《汗简》中“履”作。《说文》释“履”为“足所依也”。战国以前“履”字多作动词，“屦”作名词。晁错《论贵粟疏》：“乘坚策肥，履丝曳缟。”“履丝”即脚穿着丝鞋。战国以后，“履”也表示鞋子，如郑人买履，削足适履。我们现在仍在使用的“西装革履”是这种用法的保留。“鞋”是后起字，本来专指“生革之鞋”，所以字从“革”。大约到唐宋以后才代替了“履”字而成了各种鞋子的通称。

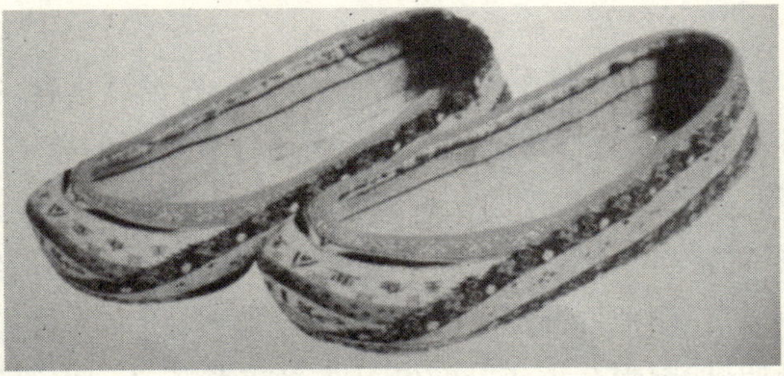

唐　吐鲁番出土丝履

引自《中国服饰收藏与投资全书》，陈小启主编，天津古籍出版社，2006 年。

古代的履种类繁多，以质料来分，有布帛，草葛和皮甲三种。布帛履是以丝、麻、绫、绸等织物制成的履。草葛履是以蒲草为原料，经碾搓编织而成的鞋子。皮甲履有生皮和熟皮之分，以生皮制成的称鞜，以熟皮制成的称鞮。我国古代鞋子款式都鞋头上翘，称“翘头履”。唐代的翘头履多以罗帛、纹锦、草藤、麻葛等面料为履面，其履底薄，履帮浅，较轻巧便利，翘头做成凤头、虎头等，生动逼真。我们从考古发现中还可见方头的履。近年，考古学者在长沙近郊出土的履，经专家鉴定是战国时期的物品。该履方头複底，形状如“”。此外，还有重台履、高墙履、勾履、芴头履等名称。

古人席居，为了保持席子的干净整洁，在登堂入室前必须将鞋脱下，放在门外。按当时规矩，凡看到门口已放着两双屦时，表明屋里已有两人，为了表示对他人的尊重，只能在听到里面的人高声说话时，才可进去。进去前先将屦脱下，放在门口石阶之下。《吕氏春秋・至忠》篇记载了这样一则故事：“文挚至，不解屦，登床，履王衣，问王之疾，王怒而不与言。”文挚穿着鞋子入室还踩到了王的衣服，君王气得不愿与他说话。不单帝王如此，平民也有着这种习惯，《庄子》中记述阳子居“至舍，进盥漱巾栉，脱屦户外”。至今，朝鲜和日本仍沿袭这种习俗。

“履”表示踩踏的动词的意义始终没有消失，只是踩踏的对象进一步的虚化，如履仁蹈义、履汤蹈火、履机乘变、履险蹈危。又引申为登上帝位。

《过秦论》:“履至尊而制六合。”是说秦始皇登上帝位而统治天下。后又引申为施行、执行,如“履任”就是到任、就任的意思。清代蒲松龄《聊斋志异·武孝廉》:“心中悚怯,恐妇闻知,遂避德州道,迂途履任。”

我们现代的常用词“履历”本指亲身经历过,晋陶渊明《还旧居》诗有:“履历周故居,邻老罕复遗。”后指人的资格和经历或者是个人经历的书面记录。现代个人的求职、升迁都需要个人履历。古代的履历表最初叫做“脚色”,始见于隋朝。据《通鉴》载,隋炀帝时,虞世基执掌考核铨选官吏大权,“受纳贿赂,多者超越等伦,无者注色而已。”即是说,贿赂多的就给以提拔,无贿赂的只在其名册表格上“注色”作记号,因而得名“脚色”。到了宋代,仍沿用“脚色”之名称。清袁枚《随园随笔》也说:“宋制,百僚选者具脚色,似即今之投履历矣。”赵升《朝野类要·入仕》:“初入仕,必具乡贯、户头、三代名衔……出身履历。”这是宋代脚色所要填报的项目和内容,系朝廷统一规定。首先是个人及家庭的基本情况,还要填写乡贯、户头、三代名衔(即祖宗三代的功名官衔)、家口、年齿、出身履历等内容。说明古代想要入仕也受出身履历的影响。所以,人的过去并非都如雪莱说的属于死神,有些经历会如影随形地伴随你一生。

坐以待“币”

一则笑话，说币本为巾族，忽有一日得道加冕，冠冕后的币字华丽变身，从此告别布衣，与金钱为伍。巾见到币，感慨道：“戴上博士帽，果然身价百倍了。”这是一则趣谈，但从文字学角度来看，巾与币确有关系。

“币”的繁体字写作“幣”，本义是缯帛，丝织品，所以字从巾。“巾”，甲骨文作巾，像是用带子|系吊的一块下垂的布冂。《说文》：“币，帛也。从巾，敝声。”徐灏在《段注笺》中指出：“币，本缯帛之名。因车马玉帛同为聘享之礼，故浑言之称币，引申之，货帛亦曰币。”币的发展历程确是如此。

币原本是一种精美的丝织品，《周礼·大宰》：“四曰币贡。”司农注：“绣帛。”精美的丝织品自然当先呈奉给神明、先祖，《尚书·召诰》：“我非敢勤，惟恭奉币，用供王能祈天永命。”这是召公的进言，意思是我不敢慰劳王，只想恭敬地奉上币，以供王去好好祈祷上天赐永久福命。《周礼·天官·大宰》：“及祀之日，赞玉币爵之事。”《左传·庄公》：“于是乎用币与社。”都是说以币作为祭祀的祭品。

在外交礼节中，币也是一种很好的礼物。《战国策·齐策三》：“请具车马皮币。”这里“币”是指与车、马、皮并列的用作礼物的丝织品。《战国策·秦策一》：“赵固负其众，故先使苏秦以币帛约乎诸侯。”币和帛都是丝织品，币帛经常连用，指用作馈赠的丝织品，后也泛指财物。《周礼·天官·大宰》：“六曰币帛之式。”郑玄注：“币帛，所以赠劳宾客者。”

春秋战国时期，作为礼物代表的币使用非常频繁，后来其他聘享的礼物，如车马玉帛等，亦曰币。币渐渐成为礼物的泛称。《仪礼·士相见礼》：“凡执币者，不趋，容弥蹙以为仪。”意思是凡执锦帛皮马禽挚之类礼物见君的，不能疾行，以示谨慎，容止处处显得恭敬诚实。在上古时代外交官带的礼物一般有：玉、马、皮、龟、贝、帛六种，称为“六币”。币泛指礼物后又有了不同级别的划分。如《管子·国蓄》：“以朱玉为上币，黄金为中币，刀布为下币。”币由礼品义很自然地引申出了财物义，《战国策·秦策》：“令库具车，厩具马，府具币。”汉高诱释“币”为“货财也。”

中国自古讲究礼制，《礼记》说“人有礼则安，无礼则危。”正是基于这样一种理念，我们在文献记述中可以看到大量的用币礼制。尤其是在古代的外交礼仪上，相互赠送币非常繁复。用币礼制贯穿于先秦诸礼的始终，而且不断规范，不断增益。正是有了币这一礼仪的重要媒介，使得各种礼仪活动显得“言之有物”。

后来，不仅在礼仪活动中，在人际之间的交往中，币也是重要媒介。在中国历史上送礼者从未停歇，收礼者坐以待“币”，甚至很多人视其为一门生存技能。然而不要忘了我们老祖宗还有一句告诫：“多货则伤于德，币美则没礼。”（出自《仪礼·聘礼》）即过份看重财物，就会伤害德行；财物太多就淹没了礼仪。德行是做人的基本，对那些币重言甘的诱惑，当有所警戒。

送彩礼在古代婚姻六礼中叫纳征，也叫做纳币。早在西周就将纳币定为婚姻的“六礼”之一，即男方派人将聘礼送到女方家。所用的彩礼各代不尽相同，秦以前多采用名贵的玄纁、束帛、俪皮，寓意幸福吉祥，美满如意。汉代开始多用金银之类。在民间常用首饰、细帛等为女行聘，《礼记》云：“男女非有行媒不相知名，非受币不交不亲。”宋苏轼《书刘庭式事》：“未及第时，议娶其乡人之女，既约而未纳币也。”“纳币”有时也泛指交纳财物，如清吴裕垂在《历朝史案》中指出：“宋人竭中国之财力，纳币赂寇，偷安旦夕。”“纳币赂寇”的一幕在清王朝末年不断上演，对于失败者来说，一切都不是自己的，财物、权利甚至生命。

中国货币的起源，有据可查的是商汤时期的铜贝，而在此之前的夏商，骨贝、石贝、陶贝已经开始流通。《说文解字·贝部》“古者货贝而宝龟，周而有泉，至秦废贝行钱。”《汉书·食货志》有“十朋五贝，皆用为货”的记述，这里的贝已是作为货物交换的媒介——货币。“束帛”是有特定数量的，每束十卷，每卷一丈八尺，共十八丈。正是由于币同时具有贵重和数量一定的特征，且经常地被作为礼物相互转送，因而逐渐引申出与贝相同的货币的意义。《史记·吴王濞列传》有“乱天下币”记载。大致以龟贝等财物为媒介者称为“货”；以布帛类为媒介者则谓之“币”。由于二者共同的媒介用途，便组合成了“货币”一词。

纳币
引自《图说礼仪》，王金玲等著，重庆出版社，2008年。

春秋战国时期币制混乱。秦朝统一货币，严禁地方和私人铸钱，废除刀、布等币，以黄金为上币，以铜钱

古钱币

引自《中国古代钱币赏玩》，姚江波，湖南美术出版社，2006 年。

为下币，圆形方孔半两钱成为定制，通行全国。这是中国历史上的一次币制改革，并为历代沿袭。《汉书·食货志下》：“于是乎量子资币，权轻重以救民。”颜师古注：“凡言币者，皆所以通货物，具有无也。故金之于钱，皆名为币也。”由此，“币”彻底挣脱了丝织品的属性，铿铿的金钱光环不再离身，“币”成为了衡量万物价值的标尺。

交子纸币

引自《中华一万年》，郭志坤等著，浙江人民出版，2009 年。

几千年的改朝换代，货币也随之推陈出新。汉承秦制，以黄金和铜钱为主币，汉武帝时铸造五铢钱，稳定铜钱重量，作为通行全国的法定货币，从此五铢钱由汉至隋，历时七百余年。唐高祖时废五铢钱，行开元通宝钱，开元通宝是唐朝通用货币，并成为唐以后历代货币范式。北宋时出现世界上最早的“交子”纸币。金代后期铸造银币，“一两至十两分五等，每两折钱二贯”，至此，银币成为流通的货币，金银币也成为我国货币史上第一次铸造法定计数的货币。明清时期，金银、纸币和铜钱均有流通，但铜钱仍为主要流通货币。

冥币

引自《图说礼仪》，王金玲等著，重庆出版社，2008 年。

自从有了货币，货币就再未远离人们的生活。人们甚至想像死后的阴间也离不开它，于是各个时期，人们随着流通货币的变化，臆造出了各种形制的冥币。冥币是用价值低廉的材料仿真币制成，以意托真钱，故又称为“寓钱”。战国、西汉墓出土的冥币主要用陶土制成，少量也用铅、石。纸质冥钱是在纸张得以广泛使用的基础上兴起的，以此推断，纸钱应该在魏晋或更晚的时期产生，它的使用时间长达一千余年。冥币是一种特殊的民俗物质，这种聊以慰藉，看似虚幻，却着实寄托了中国人千百年的哀思。

当年笏满“床”

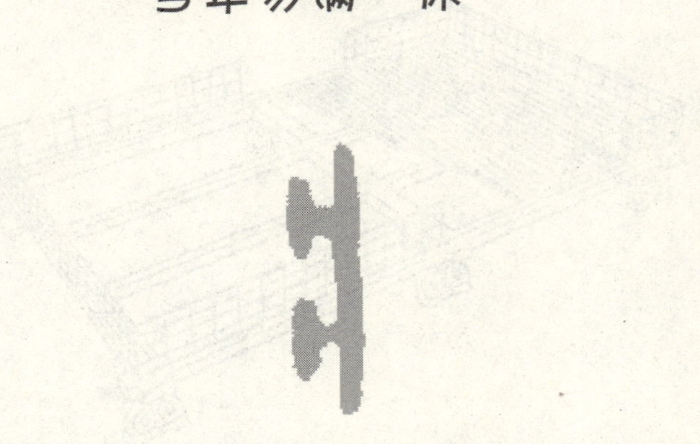

关于床的发明，《广博物志》中曾有“神农氏发明床，少昊始作箦，吕望作榻”的记载。《陔余丛考》曰：“至东汉末，始斫木为坐具，其名乃谓之床，又谓之榻。”汉代刘熙在《释名・床篇》中解释道：“人所坐卧曰床。”又说：“长狭而卑者曰榻。”可见，床经历了由坐具到卧具的发展，这期间由床衍生出了榻。榻是床的一种，除了比一般的卧具矮小外，别无大的差别，因而“床”、“榻”常常合称。《通俗文》说：“三尺五曰榻，独坐曰枰，八尺曰床。”后来，狭义的榻指窄小较矮的卧床或床形坐具，广义仍泛指床。

早期甲骨文的“床”作，像有两个脚架支撑着床板的床。甲骨文的“疒”字以人躺在床上，旁有小点表示出汗来会意生病，本应作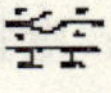，为书写方便

而竖写作𣏟。晚期甲骨文爿再加“宀”∩(房屋)另造[glyph]代替，强调置于室内的卧具。篆文“床”出现了异体字的写法牀，增加了一个“木”，强调卧具的木质材料。俗体隶书床将篆文异体字的爿写成广，完全变形。

我国大约在商周之前就有了床，到战国时床已定形。中国最早的床的实物是河南信阳长台关出土的战国彩漆木床。该床长 218 厘米，宽 139 厘米，六足，足高 19 厘米，床面为活抽屉板，四面装配围栏，前后各留一缺口以便上下。床身通体髹漆，彩绘花纹，工艺精湛，装饰华丽，这时床体尺寸已与现代床很接近了。

战国彩漆木床复原图

引自《中国古代家具》，胡德生著，上海文化出版社，1992 年。

史书中关于床的记载很多，如《战国策 · 齐策》说：“孟尝君出行国，至楚，献象牙床。”《西京杂记》云：“武帝为七宝床，设于桂宫”等。古代床榻种类多，功能丰富。若从制作材料看，即有木床、竹床、藤床、绳床、石床等；若按功能分，则有睡床、书榻、浴床、讲榻、禅床、食榻，乃至送葬的灵床。足见古人生活、学习、工作、社交等活动，几乎都以床榻为依托。古代的床上可搁小几，用来读书、写字、弹琴、用餐。《孟子》曰：“舜在床琴。”更有甚者，床榻竟能表演音乐、歌舞、杂技。例如一代风流皇帝唐玄宗，曾用百匹健马，由壮

望都汉墓壁画中独坐榻
引自《中国古代家具》，胡德生著，上海文化出版社，1992年。

士立于马上齐举三重榻，连续表演舞曲数十支，堪称奇观。

古人使用床榻大有讲究，礼制严格。例如亲戚朋友来访，需按主东客西方位，请其升榻对坐，或另设一榻对坐、连坐。王勃在《秋日登洪府滕王阁饯别序》中有"人杰地灵，徐孺下陈蕃之榻"句，讲的是豫章太守陈蕃，极为敬佩徐孺子的才学，喜欢与他畅谈，至深夜不止。为此专备一副床榻，供徐孺子留宿用，他一走，便将榻悬吊起来。后以"悬榻"比喻礼待贤士。

古代会客时主人还须跪坐，不能踞坐，或在床侧垂足坐，否则会被看作严重失礼。只有在无尊长、宾客之时，方可伸腿垂足而坐。如史载汉"管宁常坐一木榻，积五十余年未尝箕股，其榻上当膝处皆穿。"这里箕股即箕踞，是一种失礼的坐姿。管宁在一木榻上坐五十余年都没有箕踞而坐，膝头位置的木榻都已因多年受压磨损而穿洞。由此可见他对自己礼制要求十分高。

古代床的形制多样，日常使用最多的是架子床。它的做法通常是在床的四角安立柱，床顶部安盖，称作"承尘"，床的三面装有围栏，多用小料拼插成几何纹样，也有的在正面多加两根立柱，称为六柱架子床。也有在正面多加两根立柱，两边各安方形栏板一块，名曰"门围子"。正中是上床的门户。

紫檀松寿齐天架子床

引自《盛世雅集》，田家清主编，紫禁城出版社，2008年。

中间留出椭圆形的月洞门。四面床牙浮雕螭虎、龙等纹饰。架子床是明清两代很流行的一种床。

我国古代还有一种造型奇特的床——拔步床。顾名思义，“拔步”就是要迈上一步才能到达的床。从外形上看，它好像是把架子床安放在一个木制平台上，床前设浅廊，长出床沿三四尺，廊子的两侧可放置一些小型家具和杂物。此床多在南方使用，四面挂帐，既防蚊蝇，又可方便主人起居。此种床已不像床，更像一间房子，洗漱都可在这里完成。

东晋时期，郗鉴太尉有个女儿，年方二八，貌美如花。郗鉴要为女择婿，郗鉴觉得丞相王导家子弟甚多，听说个个都才貌俱佳，郗鉴希望能在王丞相家子弟中择婿。王府的子弟听说郗太尉派人来觅婿，都仔细打扮一番出来相见。郗府管家看来看去，感觉王府的青年才俊个个都很好。最后，郗府管家来到东跨院的书房里，就见靠墙的床上一个袒腹仰卧的青年人，对太尉觅婿一事，无动于衷。郗府管家回到府中，对郗太尉说：“王府的年轻公子二十

拔步床
引自《古玩鉴定入门百科》，史树青主编，吉林出版集团有限责任公司，2007年。

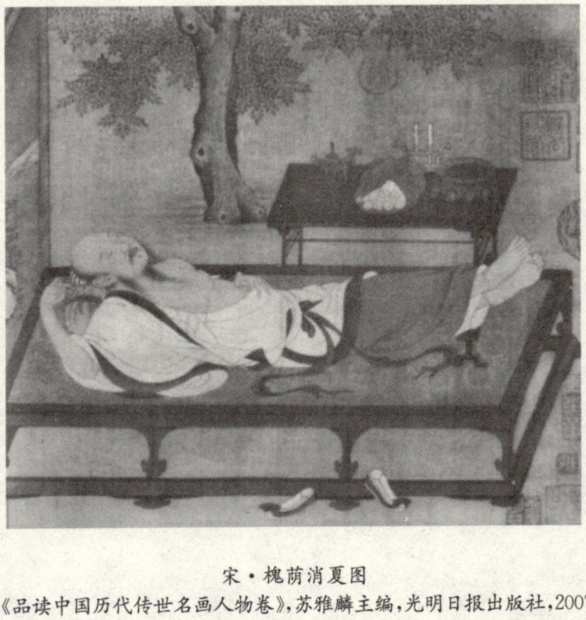

宋·槐荫消夏图
引自《品读中国历代传世名画人物卷》，苏雅麟主编，光明日报出版社，2007年。

余人，听说郗府觅婿，都争先恐后，唯有东床上有位公子，袒腹躺着若无其事。”郗鉴说：“哈哈，我要选的就是他了！”郗鉴来到王府，见此人既豁达又文雅，才貌双全，当场下了聘礼，择为快婿。这人即为后来大名鼎鼎的王羲之。“东床快婿”后来成为女婿的代称。

床在古代还表示井栏。从考古发现来看，中国最早的水井是木结构水井。古代井栏有数米高，呈方框形围住井口，防止人跌入井内，这方框形既像四堵墙，又像古代的床。因此古代井栏又叫银床。李白《长干行》中“郎骑竹马来，绕床弄青梅”中的“床”，即为井栏之意。现代很多学者认为，《静夜思》中“床前明月光，疑是地上霜”中的“床”也应该作井栏解。

人的一生，生在床上，死在床上，活着时又有三分之一的时间是在床上度过的，床见证了人一生的兴衰。人在床上是怡然自卧、高枕无忧还是辗转反侧、捶床捣枕，取决于人的心境，那些能够宝珠市饼、超然物外者大多会拥有最美的梦乡。

陈年累“糟”

现代汉语中，“糟”作为形容词有贬义色彩，表示事情触到了霉头。为何用“糟”字表示事情的不济，这还要回溯到源头来看。“糟”是会意兼形声字，在《汗简》中写作、、等形体，小篆基本承袭了该字形，作。《说文》释“糟”为“酒滓也。从米，曹声。”从米是因与粮食有关。“曹”的本义也是指粮食、饲料，凡从“曹”之字皆与粮草、饲料有关。如“嘈”是牲口吃食时发出的咀嚼声；“槽”是木制的牲口食器；“褿”是人吃饭时防止食物、汤水沾身的围单；“蓸”是可作牲口饲料的草类；“漕”是水运粮草；“艚”是载运粮草的船；“螬”是可用作家禽饲料的虫子等等。粮食存放久了，容易腐烂变质，这种粮食就被称为糟。所以“糟”字的腐烂、腐朽之义是与造字俱来的，后引申为事情变坏。比如我们常说的糟糕、糟心、糟蹋、糟践、糟朽等。

古人贮藏谷物的方法粗放。天然谷物受潮后会发霉、发芽，吃剩的熟谷物也会发霉，这些发霉发芽的谷粒，就是上古时期的天然曲蘖，将之浸入水中，便可发酵成酒。晋代的江统在《酒诰》中写道："酒之所兴，肇自上皇，或云仪狄，又云杜康。有饭不尽，委馀空桑，郁积成味，久蓄气芳，本出于此，不由奇方。"酒的发明有多种说法，这种因食物储存中发酵而成酒的观点还是比较合理的。最初的酒是连汁带渣一起吃的，是浑浊不清的酒，即浊酒。浊酒与粮食的变质密不可分，因而浊酒也被称为糟，后来直称酿酒中过滤下来的渣滓为糟，即酒糟。成语"积糟成丘"或"积糟成堤"是极言酿酒之多，沉湎之甚。

沉底的酒渣叫"糟"，漂浮的酒渣叫"粕"，所以"糟"、"粕"经常连用比喻废弃无用的事物。春秋战国之后，人们喝酒时才开始滤去糟粕，滗出汁液后饮用，这就是清酒。酒的过滤叫漉，《南史·陶潜传》中记载，陶渊明"取头上葛巾漉酒，毕，还著头上"。后来人们发明糟床来榨酒，杜甫"赖知禾黍收，已觉糟床注"，是说幸好知道今年的庄稼已经收割了，可以用来酿酒，似乎都已经感觉到酒在糟床上汩汩流淌了。"枕麴藉糟"是指枕着酒，垫着酒糟，常用来形容嗜酒、醉酒者。在俚语中酒鬼又被称为"糟头"。

《楚辞·渔父》中渔父对屈原说："众人皆醉，何不餔其糟而歠其釃？"意思是既然世间人个个都沉醉不醒，您为什么不也跟着吃那酒糟喝那酒汁？后来成语"餔糟歠釃"用来比喻屈志从俗，随波逐流。

古代"糟"也是可以吃的，但这是极端粗糙的食品，与之同等地位的就是糠。糠是指稻、麦、谷子等剥落的外皮，如米糠、麦糠。酒糟、谷皮都是粗劣的东西，在古代也多是用来喂猪的，因而猪又名"糟糠氏"。宋代陶谷《清异录·兽》说："伪唐陈乔食蒸肫，曰：'此糟糠氏面目殊乖，而风味不浅也。'"有时，贫苦的穷人也用糟糠来充饥。如《汉书·食货志》上记载："庶人之富者累钜万，而贫者食糟糠。"李白《古风》"珠玉买歌笑，糟糠养贤才"句即是对当时不注重人才现象的指责。粱肉之于糟糠是两种生活水准的强烈对比。韩

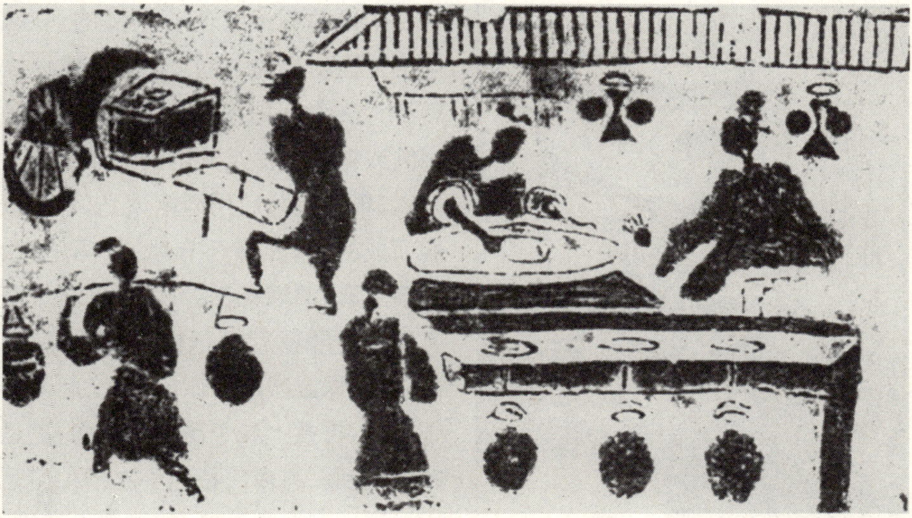

四川新都东汉画像砖酿酒图
引自《汪宁生论著萃编》，汪宁生著，云南民族出版社，2008年。

非子曰："糟糠不饱者，不务粱肉。"是说那些连糟糠都不够吃的人就不要想着追求粱肉了，意指人要从实际出发，不要有过高的奢望。《墨子·公输》里记载了一个人舍其粱肉窃邻糟糠，因而被看作是不可理喻的有窃疾的人。

以"糟糠"来比喻贫贱时共患难的妻子出自《后汉书·宋弘传》："臣闻贫贱之知不可忘，糟糠之妻不下堂。"说的是东汉光武帝与他的大臣宋弘的故事。宋弘，东汉初年京兆长安人，为官清廉，直谏敢言，受到光武帝的器重，后封为宣平侯。当时，光武帝的姐姐湖阳公主的丈夫死了。有一次，光武帝与湖阳公主在一起讨论朝中大臣，光武帝也趁机窥探姐姐的意愿。公主说："宋弘仪表庄重，品德与才识俱佳，满朝大臣无人可比。"刚好正合光武帝心意。后来，光武帝就召见宋弘，并让湖阳公主坐在屏风后面。光武帝对宋弘说："俗语说，人尊贵了就会换朋友，富有了就会换妻子，这是人之常情吧？"宋弘说："臣听说，在贫困患难时结交的朋友不可忘记，与自己共患难的妻子不能抛弃。"于是，光武帝无奈地对湖阳公主说："事不谐矣。"

不弃糟糠

引自《中华史画卷》，梅季等著，南方出版社，1996年。

中国的厨子有逢苦不忧的达观，即便是面对糟糠，也能够智慧地使之转身为美食。北方的糟腌类食品就是用酒或糟加上盐及其他调味品腌制食品，如糟鱼是腌后用酒糟渍之，再经烹烧而成的鱼，此外还有糟蛋、酒糟鸡、酒糟豆腐、酒糟花生等，名目繁多。南方的美食醪糟就是把糯米煮熟，放入酒曲，经保温发酵后做成的，吃起来醇香甘甜，再煮上几个汤圆在里面，更是粘滑爽利。海南的特色小吃糟粕醋是用酿酒后剩余的酒糟，加以少许辣椒、蒜头、油等煮开制成，有消除疲劳，帮助消化，预防衰老的功效。

事实上，糟也并非毫无营养可言，现代科学表明糟本身含有丰富的蛋白质、氨基酸，且易于被人体吸收。历史上一些智士早就认识到了糟的价值，清医学家王士雄的《随息居饮食谱》："糟，甘，辛，温。醒脾消食，调脏腑，除冷气，杀鱼腥毒。"李时珍《本草纲目》中记载："糟性温，有营养，能解生冷物毒。"

自从鲁迅提出了"取其精华，去其糟粕"的拿来主义，糟粕作为贬义词就更加地深入人心了。现在的人们貌似在追求着完美，但结果却常是一团糟，譬如越来越泛滥的选秀节目，适得其反的背后不是精华的缺失而是操守的缺失。

外国人学中文对"糟糕"一词不理解，常想当然地翻译为 bad cake，其实 bad cake 只能勉强对等于"糟"的古义，"糟糕"是一个连绵词，是由两个音节联缀成义而不能分割的词，与糕点是没有任何关系的。

中国“袍”

袍是中国古代人的常服，一袭长袍既显示出中国人的稳重与儒雅，又暗含着因循与守旧。在中国人的心目中，长袍包裹着浓厚的神秘色彩，它是礼制的象征，行止的约定，它千年一面，却又永远超于物外。由帝王将相到明贤雅士，我们印念中的先人几乎都被定格在了长袍之中。

“袍”，小篆作，《说文解字》释为“襺也”，襺是夹层里夹藏绵絮的保暖长衣。“袍”字采用“衣”作义符，“包”作声符兼表意，表示一种可以包裹全身的连体衣服。《论语》曰：“衣弊缊袍”，意思是穿着破烂的旧丝绵袍子。“袍”后来引申为衣服的通称。《正字通》曰：“袍者，表衣之通称。”

袍服在先秦时期已经出现，那个时期的袍服只是一种纳有绵絮的内衣，

《释名·释衣服》:“袍,苞也。苞,内衣也。”袍最初是指穿在里面的内衣,穿着时必须加罩外衣。后来,除了用作内衣,平时也可穿。穿在外面,时间一长,袍服就演变为一种外衣。既然用作外衣,形制就不那么简便了,一般多在衣领、衣袖、衣襟及衣裾等部位缀上衣边。《释名·释衣服》:“妇人以绛作衣裳,上下连,四起施缘,亦曰袍。”“四起施缘”是说衣服的四周都加上花边。自此以后,袍服的制作日益考究,装饰也日臻精美。

袍服由内衣变成外衣,正值曲裾深衣淘汰时期。由于袍服中纳有绵絮,不便采用曲裾,所以较多地采用直裾。袍服取代深衣之后,用途变得更为广泛。袍在古代普遍穿着,代表性的有三类:一是战袍,一是官袍,一是文人穿的袍。

因最初士兵的军戎服饰也是袍,所以袍常用来指战袍。如“袍甲”指战袍和铠甲;“袍仗”指战袍和兵器,借指军容;“袍袴”指战袍与袴靴;“袍袄”指比铠甲轻便的战袍和战袄。《诗经》:“岂曰无衣,与子同袍……岂曰无衣,与子同泽。”“袍”与“泽”分别指长袍与内衣,后来借此指称军队中的同事。成语“袍泽之谊”指军队中同事的交情、友谊。“同袍同泽”,原形容士兵互相友爱,同仇敌忾,也比喻共事的关系(多指军人),也指有交情的友人。

古代的将帅也是着袍。当初曹操起兵三十万,径下江南。潼关一战,曹操被马超击败溃逃,听见有人叫:“穿红袍的是曹操!”便脱下红袍。又听见大叫:“长胡子的是曹操!”便慌忙割了胡子。又听见“短胡子的是曹操!”立即扯起衣角包着下巴逃跑。马超追上,曹操吓得绕树而走,马超一枪刺在树上,曹操乘机逃走。马超追去,被曹洪拦住,曹操才得以逃脱。后人有诗说:“潼关战败望风逃,孟德仓惶脱锦袍;剑割髭髯应丧胆,马超声价盖天高。”后人常以“割须弃袍”来形容战败落魄的样子。作为军服的袍服源于春秋,行于战国,定于秦代,相沿于汉,东汉以后逐渐走向颓废,至晋代已彻底被淘汰。

袍又是古代官服的基本形制。“袍笏登场”常用来指新官上任,有讽刺意,而“脱袍”表示退位去职。官袍的极致是黄袍,即龙袍,是古代皇帝的袍服。五代后周赵匡胤在陈桥兵变，诸将给他披上黄袍，拥立为帝。后常用“黄袍加身”比喻发动政变获得成功。“蟒袍玉带”指绣有蟒蛇的长袍，饰有玉石的腰带，是传统戏曲中帝王将相的服装。唐代规定亲王及三品以上官员服紫袍，以区分官阶高低，后以“紫袍玉带”来比喻高官。

着长袍马褂的康有为
引自《中国近现代服装史》，华梅著，中国纺织出版社，2008年。

长袍马褂是清代典型官服。马褂加于长袍的外面，因起源于骑马短衣而得名，特点是前后开衩、当胸钉石青补子一方（亲王、郡王用圆补）。马褂在清初仅是八旗士兵穿，后来八旗子弟为表示勇武也多身着马褂。雍正以后，社会普遍流行，渐有礼服的性质。辛亥革命后及民国时期，马褂仍为男子的传统服式。另外，清代皇帝对特别恩宠之人有时赏穿黄马褂。黄马褂为清代马褂的一种，因其衣色为明黄色，故名。黄马褂主要是皇帝穿用，也是重要的赏赐物品，被赏者有极大荣耀。受其影响，其他颜色的马褂在官员士绅中逐渐流行，成为一般的礼服。民国元年，北洋政府颁布的《服制案》中将它列为男子常礼服之一。国民政府也将蓝长袍配黑马褂列为“国民礼服”。

长袍也是古代文人的常服。方巾长袍是古代儒生的典型装束。古代读书人无论什么季节都爱着长袍。长袍之于读书人是一种身份地位的象征，说明他与其他老百姓不同，是读过书有知识有功名的人。古时候，有功名在身的人才能穿丝帛一类的高级布料，就算是再有钱的商贾也只能穿棉麻布料，所以有钱人常花钱捐官，不在乎官的大小，而是一种身份的改变，就像一下子从布衣升到了士族，从此高人一等。鲁迅笔下的孔乙己虽然穷困潦倒，但仍然不肯和“短衣帮”在一起喝酒，那袭破旧的长袍成为他最后的精神支撑。

司马迁《史记·范雎列传》记载，战国时，范雎随魏国中大夫须贾出使齐国，被须贾怀疑私通齐国，回国后须贾告知魏相，范雎受屈被打伤，后改名张禄，逃到秦国，做了宰相。后来，须贾出使到秦国，范雎扮着穷人去见他。须贾见了，同情地说："范叔一寒如此哉！"并送他一件绨袍，等到发现范雎就是秦相，须贾大惊谢罪。唐高适为此作《咏史》诗："尚有绨袍赠，应念范叔寒。"后以"绨袍之义"、"绨袍恋恋"表示不忘旧情，绨袍是粗丝绢袍子。

范雎受袍
引自《南阳汉画像石艺术》，徐永斌主编，河南大学出版社，2007年。

明末清初，四川以及周边地区诞生了一种亦官亦民的文化，即人人皆称兄道弟，不讲级别上下、不讲地位高低，只讲"义气"二字的袍哥文化。以"袍哥"命名据说是根据《三国演义》。关二爷被逼降曹后，曹操奖予很多金银财帛，他一概不收，只收了一件锦袍，平时很少穿着。有一次穿上，却还要把旧袍罩在外面，曹操问他原因，关二爷说："旧袍是我大哥玄德赐的，受了丞相的新袍，不敢忘我大哥的旧袍。"因此，这个袍哥组织老名称又叫"汉留"，含义就是从汉朝遗留下来的精神气节。长期以来，在"袍哥文化"的熏陶下，讲义气似乎成了四川人骨子里的传统美德之一，在当地成了人际交往的一个重要标准。袍哥会对四川社会各方面都有极为重要的影响，甚至在今天也能看到它的很多痕迹。这一特点，是中国其他任何地区都从未有过的。

旗袍本来是满族服装，由于满族人称为“旗人”，故将其称之为“旗袍”。旗袍是清朝入关前后八旗妇女的常服，在当时，它不仅是用来御寒保暖，同时也是区别身份等级的象征。但随着社会的发展，旗袍不再仅仅是上流社会的经典服饰，也逐渐进入寻常百姓家。现代意义上的旗袍诞生于二十世纪二十年代的上海，由于上海上流社会多崇尚西方的生活方式，那种守旧、肥大的旗袍样式很难融入到他们的生活方式之中，因此出现了改良的旗袍。这种旗袍的特征为向右侧捻襟，立领、盘扣、下摆两侧开叉，使旗袍摆脱了旧有模式，成为中国女性独具民族特色的服装之一。1929 年中华民国政府确定旗袍为国家礼服之一。在北京奥运会上中国礼仪小姐的礼服把旗袍演绎得美轮美奂，东方女性的高贵典雅再次折服世人。

清代贵妇所穿长袍

引自《中国古代文化常识图典》，王力主编，中国言实出版社，2002 年。

风"斤"月斧

人类的智慧直接体现在使用的工具上。在山东大汶口文化遗址，曾出土了一个符号，像一把斧子的形状，文字学家多把它释为"斤"字。这是在中国出土的最早有文字记录的工具。"斤"字创制如此之早，"斤"在古人生活和心目中的地位可见一斑。

"斤"，甲骨文作，勾勒出了斧头的外形，以箭头表示锋刃。上面是朝左的横刀，下部有一个曲柄，整个形体像今天所说的斧子。"斤"的本义就是一种砍伐树木的斧类工具。在《续甲骨文编》中"斤"有作之形，该字形省去了曲柄，更突出了大而重的锋利的斧头。金文省去曲柄，只画大致轮廓，是斧刃的变形。金文中的"斤"有作人名，如《天君鼎》中"天君赏征人斤贝”，又如《仕斤戈》中的“仕斤造戈”；“斤”也可作为地名，如《天君鼎》中的“矢酉在斤”。小篆字形⺁与实物已经相去甚远。《说文》：“斤，斫木也，象形。”许慎释“斤”为“斫木也”，其实斤是“斫木之器”。

石斧

引自《中国古代兵器图说》，刘秋霖等编，天津古籍出版社，2003 年。

斧与斤，二者相似又有区别。刘熙《释名·释用器》：“斤，谨也。板广不可得削，又有节，则用此斤之，所以详谨，令平灭斧迹也。”这里是说木板太广，又有节子，就得用斤加工。用斤是用斧后的一道工序，是专门削平斧痕的。王筠《说文句读·斤部》：“斤之刃横，斧之刃纵，其用与锄相似，不与刀锯相似。”这进一步说清楚了斧与斤的区别：斧是直刃，斤是横刃。古代所说的斤，应该是横刃锛斧。

斧与斤因是同类工具，古代经常连用表示斧子，如《孟子·梁惠王上》：“斧斤以时入山林，材木不可胜用也。”苏轼《石钟山记》：“而陋者乃以斧斤考击而求之。”唐温庭筠《古意》诗：“散木无斧斤，纤茎得依托。”宋释道原《景德传灯录》：“巧匠施工，不露斤斧。”“不露斧斤”指看不见斧斤加工的痕迹，形容精巧自然。

“运斤成风”这个成语出自《庄子·徐无鬼》：“郢人垩慢其鼻端若蝇翼，使匠人斫之。匠石运斤成风，听而斫之，尽垩而鼻不伤，郢人立不失容。”说的是，楚国郢都有个人将一滴石灰溅到了鼻尖上，这滴石灰如苍蝇翅膀一样薄。这个人请石匠替他削掉。石匠挥动斤，轻轻松松一斤下去，把石灰削个干净，但鼻子却没有丝毫损伤。

匠，最初专指木匠，是由工具斤和工匠的作品——一块雕空的木头组成，《说文·匚部》：“木工也，从匚从斤，斤所以作器也。”后来，打铁的被称为铁匠，采石的被称为石匠。木匠为百工之首，故传统之工匠，无论木匠、铁匠、瓦匠，皆尊奉鲁班。“独具匠心”意思是说一件作品很有创造力、很独特，用来形容那些设计独到的上好作品。后来教师也被称为教书匠，这是把儒雅的文人视同做粗活的工匠，因而含有贬义。

古代的斤平时是工具，战时也用作武器。《左传·哀公二十五年》："皆执利兵，无者执斤。""兵"在这里表示兵器，该字甲骨文作，像双手握斤状。《说文解字·廾部》："兵，械也。从廾持斤，并力之貌。"许慎认为"兵"的本义是"械"，"械"就是兵器。如《荀子·议兵》："兵不血刃，远迩来服。"后来"兵"也引申指拿兵器的人即士兵。过去的兵痞常欺压百姓，所以老百姓满腹怨言，看到兵来了，就喊"丘八来了"。把"兵"字拆分为"丘"和"八"，这是对当兵的人的蔑称。按造字原理，"兵"当拆分为"斤"和"廾"。

"斤"字也是一个部首字，由于它的本义是斧头，所以凡是由它组成的字往往与斧头或者使用斧头的动作有关。比如分析的"析"字，最早见于甲骨文，写作，描绘的是一幅古人挥动斧子砍伐树木的情景，左边是木，即一棵大树，右边是一把正砍向大树的"斤"。看到"析"字，我们就仿佛看到了《诗经·魏风·伐檀》中所描绘的古代劳动人民在山中挥动大斧子砍伐檀树的辛勤劳作的情景。《说文解字·木部》："析，破木也。一曰折也。从木，从斤。"桂馥义证："字从木，从斤，谓以斤分木为析也。"许慎和桂馥所讲的"破木"是"析"的本义，即将树木分开。如《诗·齐风·南山》："析薪如之何，匪斧不克。"其意思是怎样劈开那烧饭的木头呢，不用斧头是不行的。由于"析"有将木头分开的意思，所以就引申出分开、分析、分解、分散等意义。如陶渊明《移居》："奇文共欣赏，疑义相与析。"

薪水的"薪"字最开始并没有草字头，甲骨文作，它的本义是"拿着斧子砍柴"，后来，它被新旧的"新"借用过去，于是人们便在它头上加了一个草字头，另造"薪"字，并保留了它表示"柴火"的意思。唐代诗人白居易的诗句"卖炭翁，伐薪烧炭南山中"，这里的"伐薪"就是砍柴的意思。在古代，人们有"薪水之劳"的说法。《南史·陶渊明传》中有"助汝薪水之劳"句，"薪"是指打柴，"水"是指挑水，柴和水这两样都是日常生活的必备用品，人们也因此用"薪水"来泛指日常生活的必需品，以及为相应劳动所支付的报酬。

战国梁一釿桥裆布
引自《中国古代钱币赏玩》，姚江波等编，湖南美术出版社，2006年。

表示重量单位的“斤”来自“釿”。“釿”是货币重量单位，亦货币名。战国时期燕国、晋国、楚国多以“釿”为单位，有时简写作“斤”。秦始皇统一全国后，制定了统一的度量衡标准：二十四铢为一两，十六两为一斤。此后直到明清，一直是十六两为一斤，直到1959年，中华人民共和国统一计量制度，才改为十两为一斤。按旧制，半斤就是八两，所以“半斤八两”常用来比喻两人大致相当，不分上下。

“斤斤计较”常被人理解为一斤一斤地计较，这样的计较难免让人感觉过于粗放，汉语中有“锱铢必较”一词，这才是中国人计较的真实状态。“斤斤计较”中的“斤斤”系“昕昕”，表明察的意义，和“斧斤”的“斤”以及“斤两”的“斤”都没有关系。《诗经·周颂·执竞》：“自彼成康，奄有四方，斤斤其明。”意思是周王朝从周成王、周康王算起，有了四方，成为大国，两位君主非常英明。“斤斤”在这里是形容君主的明察，也即“昕昕”。

“席”卷天下

席的产生很早，在清代魏崧著的《壹是纪始》中有“神农作席荐”之说。甲骨文“席”写作或，象一个长方形的席子，上有纹路。《说文》中释为“席”的古文，许慎说该字是“从石省”，后来的学者认为该说法不通，厂应该是室屋，是有织纹的席子，是指室屋内的席子。甲骨文“宿”字写作或，人坐、卧于席上。从石器时代起，席子就成为人们常用的生活器具之一，只是那时的席子比现在的要粗糙许多。席是古代人们日常生活的凭依，人们曾经吃饭、休息、睡觉都在席上完成。1973 年，考古学家在浙江河姆渡村一座距今七千多年的文化遗址中发现了芦苇编织的席子残片一百多片，说明当时席子已经被普遍使用。

河姆渡出土席残片

引自《七千年前的奇迹：我国河姆渡古遗址》，梅福根等著，上海科学技术出版社，1982年。

古人最初采用跪坐形式，坐时两膝着席，把臀部放在脚跟上，这就是所谓的席地而坐。古人十分注重礼仪，铺席也很有讲究，从天子、诸侯、士大夫到老百姓都有严格规定。如按照地位与身份的不同，所铺席子的数量不同。在周代，天子铺5层席子，诸侯铺3层，大夫只能铺2层。《礼记》云："天子、诸侯席，有黼绣纯饰。"意思是天子、诸侯的席子，有用黑白斧形图案绣边的装饰物，更为讲究。在一般的家庭中，对于席子的摆放和收藏也有讲究。如《礼记》："父母舅姑将坐，奉席请何乡。将衽，长者奉席请何趾，少者执床与坐，御者举几，敛席与簟，县衾箧枕，敛簟而襡之。父母舅姑之衣衾簟席枕几不传，杖屦祗敬之，勿敢近。"这里就谈到了按照古礼，早晨起来后，父母公婆如果要坐下休息，儿子、儿媳要捧着席子请示朝哪边铺；父母如果要更换卧处，长子要捧着席子请示脚朝哪头。在整理内务时，席子等要收藏起来且不得随意移动。

在周代，无论是达官贵族还是平民百姓在招待宾客时都要布席。而且席和筵经常同时使用，为了有所区别，人们便把铺在下面的大席称之为筵，放在筵上面的小席才称为席。使用时，先在地上铺筵，再根据实际情况在筵上另设小席，人坐在小席上，合称“筵席”。古人就在筵席旁边摆列桌案进食饮酒。后来，“筵席”由铺设的器具渐渐有了“餐食”的意思，并生发出“酒席”、“酒筵”等同义词，而“摆席”、“摆筵”也就随口可说了。现代人常说的“天下无不散之筵席”中的“筵席”，在古代指的就是席子。

古代筵席

引自《图说礼仪》，王金玲等著，重庆出版社，2008年。

古代坐席时有很严格的规矩。如果坐席的人数较多，其中长者或尊者须另设一席单坐。即使有时与其他人同坐一席，长者和尊者亦必须坐在首端，并且同席之人还要尊卑相当，不得悬殊过大，否则长者和尊者就认为是对自己的污辱。古时常发生因坐席不当，尊者、长者自以为受辱，于是拔剑割席分而坐之的事情。《史记》记载，任安与田仁在平阳公主家，被安排“与骑奴同席而食”，两人大不高兴，就把席一割，表示不愿与之同席。

现在许多由“席”组的词还可见古人的筵席礼节，如“主席”，按当初的意思只是“席子上的主要座位”，现在成了一个职位；“席位”，按当初的意思也只是“席子上的一个位置”，现在成了团体或集会中的一个位置；其他如“出席”、“列席”、“入席”、“退席”、“缺席”等等，都来源于席子，现在却与席子没有什么关系了。

古代穷人可以无席，贵族居必有席，否则就是违礼。《晏子春秋》记载齐景公出外狩猎，在野外休息，坐地而食。晏子随后赶到，割了路边的葭草，铺地而坐。景公看了很不高兴，问道："你为什么一人坐席呢?"晏子说："臣听说身着甲胄的人不能坐席，犯了法纪，做了错事或和别人发生纠葛的人不能坐席，有亲友坐牢之人不能坐席，因为这三种事都是忧愁的事，我不能以忧愁的人起坐方式侍奉和陪伴您。"景公听了很高兴，遂下令，大家都割下葭草以为席。

席也是古人的卧具，休息时就躺在席上。如果心中有事，忧虑不安，就会睡不好觉，后来人们就用"寝不安席"来形容。"晋献公欲伐虞，宫之奇存焉，为之寝不安席，食不甘味。"(《淮南子》)形容人奔波繁忙也有一个跟"席"有关的成语，就是"席不暇暖"。《淮南子·修务》载"墨子无暖席"，是说墨子四处奔走，连坐席也来不及坐热。"席不暇暖"还可以表现为对贤人的敬重。《世说新语》载"武王式商容之间，席不暇暖"，周武王得到天下后，垫席尚未坐暖，就先去商容(古代贤士)居住过的里巷表示敬意。

汉画像石宴饮图

引自《中国古代文化常识图典》，王力主编，中国言实出版社，2002年。

古人常常坐在席上读书学习，《世说新语》记述管宁和华歆坐在一张席上读书，有达官贵人乘官车从门外经过，管宁依旧读书，华歆却丢开书本出去观看。管宁就割断坐席，分开座位。后来朋友因意见不合而绝交就称割席。《后汉书·戴凭传》："帝令群臣能说经者，更相难诘。义有不通，辄夺其席以益通者，凭遂重座五十余席。"朝廷集会时，皇帝叫各位大臣互相考问儒家经典，解说不通的就把自己的坐席让出来。众人不能跟戴凭相比，被戴凭夺得五十多个席位。后常用"夺席"比喻知识渊博，无与伦比。

在丧礼之中，席的使用也有尊卑之别。《礼记·丧大记》说："小敛于户内，大敛于阼，君以簟席，大夫以蒲席，士以苇席。"就是说，国君死后的小敛、大敛是用较细的竹席，大夫用蒲席，士则用较粗的苇席了。

正因为席的使用尊卑有序不可僭越，所以《礼记·檀弓》中记述了曾子临死前坚持守礼换席的故事：曾子病倒在床上，病情严重。乐正、子春坐在床下，曾元、曾申坐在脚下，书童坐在角落拿着蜡烛。书童说："席子花纹华丽光洁，是大夫享用的竹席吧？"子春说："住嘴！"曾子听到了，突然惊醒过来说："啊！"书童又说："席子花纹华丽光洁，是大夫享用的竹席吧？"曾子说："是的。那是季孙氏的赏赐，我没有能换下它来。曾元，扶我起来，换竹席！"曾元说："您的病非常严重啊，不能移动。希望能等到天亮，我一定遵从您的意思换了它。"曾子说："你爱我不如书童啊。君子爱人用德行，小人爱人是姑息迁就。我现在还求什么呢？我只盼望死得合于正理罢了。"于是大家扶起曾子，换了席子，再把他扶回到床上，还没有放安稳，曾子就去世了。在这里记述了曾子严守礼制的故事，他知道自己不是大夫，不应使用华美的竹席，坚持换掉不合于他身份和地位的席子。

席因用蒲草编成，比较柔软，可以卷起来，常用以比喻。"我心匪石，不可转也；我心匪席，不可卷也"，这句话出自《诗经》，是说我的心并非石头，不能随便来滚转；我心并非草席，不能任意来翻卷。表示自己爱情坚贞，不受外界影响。"席卷"一词是形容像卷起席子一样把东西全部卷进去。"君臣固守以窥周室，有席卷天下，包举宇内，囊括四海之意，并吞八荒之心"，贾谊《过秦论》中用"席卷"等词语揭露了秦国吞并天下的野心。

一“灯”照尽千年暗

在先民的生活中，充满了太多的未知。人们不知白天与黑夜的交替为谁所操控，只知与黑夜对视，带来的总是巨大的恐惧。黑夜是如此之强大，整个世界都仿若被其吞噬，人类更是无处遁逃。后来，有了火，有了烛，有了灯，才渐渐支撑起人类黑夜中的不惧。

明代罗颐在《物原》一书中写道：“燧人作火，神农作油，轩辕作灯，唐尧作灯檠，成汤作蜡烛。”有了火就有了光明，照明是远古时代火的一大用途。甲骨文中有字，像火把形，上从火，下有把柄。早期火把叫“炬”、“燎”、“烛”。“炬”的本义是火把，没有点燃的火炬统称“燋”，用手举着的较小的火炬叫“烛”，放在地上较大的叫“燎”，立在门外的叫“大烛”，门内的叫“庭燎”。

对当时“烛”的制作和材料，贾公彦疏：“以苇为中心，以布缠之，饴密灌之，若今蜡烛。”所谓的“烛”，一开始不过是一种由易燃的苇一类的细草或含油质较高的松和竹等的细枝束成的火把而已。后来人们发现动物油脂的易燃和耐燃性，便把这些动物油脂收集在诸如豆、鼎和簋等一类的容器中，作为燃料，或者在火把的外面沾涂上这些油脂，可使火更亮更长久。这可能就是屈原《楚辞·招魂》里描述的“兰膏明烛，华镫错些”的场面。

“灯”，繁体字写作“燈”，从火，登声，是一形声字。“燈”本写作“镫”，本义是置烛用以照明的器具。“镫”在古代还作“盛熟食的器具”解。隶变以后，作照明器具用的写作“燈”。“灯”本读 dīng，指火，又指火烈。因灯(dīng)字很少使用，所以被借用来代替“燈”字。最早这样用的是元抄本《京本通俗小说》，明代《字汇》、《正字通》都收入了“燈”的俗字“灯”。

战国玉勾连云纹灯

引自《中国历代玉器精品100件赏析》，徐湖平著，山东科学技术出版社，1995年。

灯的形制最早是从陶豆演变而来的。陶豆即瓦豆，又称作登。《尔雅·释器》云：“木豆谓之豆，竹豆谓之笾，瓦豆谓之登。”早期人们是直接借用盛大羹的陶豆放上油脂来点灯。陶豆是一种浅盘，内底平坦，有高柄的器皿。早期的灯类似陶制的盛食器豆，上盘下座，中间以柱相连，虽然形制比较简单，却奠立了中国油灯的基本造型。

从战国、两汉时期的墓葬中出土的各种陶、铜、玉和铁质豆形灯的造型来看，它们和同时代的陶豆并无明显区别。但随着时间的推移，这类豆形灯在其平坦的浅盘中央逐渐出现了凸起的乳头状，这种变化可能就是豆向镫的演变。到了汉代，豆形灯更多了，有的还自铭为“烛豆”。

战国时期的灯具还出现了多枝灯(又称树形灯)，最具代表性的是河北平山县中山王陵墓出土的一件十五连枝灯，形制如同一棵繁茂的大树，支撑着十五个灯盏，灯盏错落有致，枝上饰有游龙、鸣鸟、玩猴等，情态各异，妙趣横生。

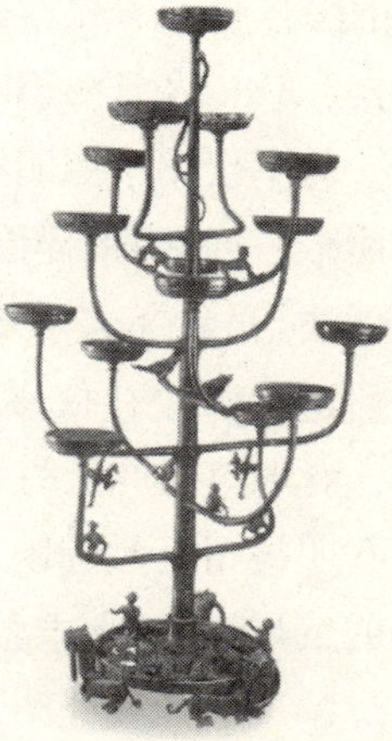

战国十五连枝灯
引自《中国古代文化常识图典》，王力主编，中国言实出版社，2002年。

古人的智慧在灯具上有着淋漓尽致的表现。西汉长信宫灯，1968年出土于河北省满城县中山靖王刘胜之妻窦绾墓。宫灯灯体为一通体鎏金、双手执灯跽坐的宫女，神态恬静优雅。长信宫灯设计十分巧妙，灯盘分上下两部分，可以转动以调整灯光的方向，嵌于灯盘沟槽上的弧形瓦状铜板可以调整光口开口的大小来控制灯光的亮度。右手与下垂的衣袖罩于铜灯顶部。宫女铜像体内中空，其中空的右臂与衣袖形成铜灯灯罩，可以自由开合。燃烧的气体灰尘可以通过宫女的右臂沉积于宫女体内，不会大量散逸到周围环境中，既防止了空气污染，又有审美价值。

西汉长信宫灯
引自《图说中国文化·器物卷》，张国华等著，吉林人民出版社，2007年。

在佛教看来，灯是智慧与佛法的象征，所以佛家师父传法于徒众称为“传灯”，即是承续之意。佛教用语“一灯”，比喻智慧好像一盏明灯。明灯能破除一切的黑暗，而智慧也能破除一切的愚痴。《华严经》说：“譬如一灯入于暗室，百千年暗悉能破尽。”佛家对于灯盏要时时勤拂拭，勿使惹尘埃。藏传佛教对于灯的运用更加广泛而深刻，在重大佛教节日或祈祷吉祥的法会上，信众经常以供灯来表示虔诚，有供百灯、千灯之说。燃灯供佛，让油灯自然熄灭，象征一愿圆满。

灯不仅用于照明，还给我们的生活带来了很多情趣。元宵赏灯始于东汉明帝时期，明帝提倡佛教，听说佛教有正月十五僧人观佛舍利、点灯敬佛的做法，就命令这一天夜晚在皇宫和寺庙里点灯敬佛，令士族、庶民都挂灯。以后这种佛教礼仪逐渐形成民间盛大的节日。元宵节还有放孔明灯的习俗。孔明灯又叫天灯，相传是三国时的诸葛孔明（即诸葛亮）发明。当年，诸葛孔明被司马懿围困于平阳，无法派兵出城求救。孔明算准风向，制成会飘浮的纸灯笼，系上求救的讯息，其后果然脱险，于是后世就称这种灯笼为孔明灯。现代人放孔明灯多作为祈福之用。

元宵节还有猜灯谜的习俗。灯谜，是智力的博弈。早在夏朝，就出现了一种用暗示来描述某种事物的歌谣，到了春秋战国时期，这种歌谣发展演变成“瘦辞”（亦称“隐语”）。当时臣子在进谏时，往往用“隐语”道出已见，使君王从中得到启发。《国语·晋语》记载“有秦客瘦辞于朝，大夫莫之能对也。”可见这些“瘦辞”和“隐语”，就是我国灯谜的雏形。最初的谜流行于口头说猜，三国时期有人把谜写在纸上贴出来令人猜对。到了南宋，一些文人学士为了显示才学，常在元宵花灯之夜，将谜条贴在纱灯上，吸引过往行人，因之又有了“灯谜”一称。南宋周密在《武林旧事》中记载：“有以绢灯翦写诗词，时寓讥笑，及画人物，藏头隐语，及旧京诨语。”把当时灯谜的制作和特点概括了出来。

古时入夜后家家举灯，至就寝时才灭去灯火，因此灯火阑珊时就是指灯火稀疏，夜深人静之时。古代穷苦的读书人或囊萤或凿壁或映雪，这是对光的追寻，更是对知识的渴求。青灯黄卷是读书人的正业，焚膏继晷是读书人生活的常态。灯见证了一代代书生孜孜不倦的求知精神。

现代生活中，灯是无处不在的。人们赋予了灯更多的喻意。“万家灯火”、“霓虹灯”成为了繁华都市的代名词。“走马灯”表示频繁得更换。还有“亮红灯”、“开绿灯”代表着禁止和允许。灯之有无是希望之有无，在灯的明灭中人们或悲或喜，或感或悟，起起伏伏，一生一世。

生活之意趣篇

一字“弄”红尘

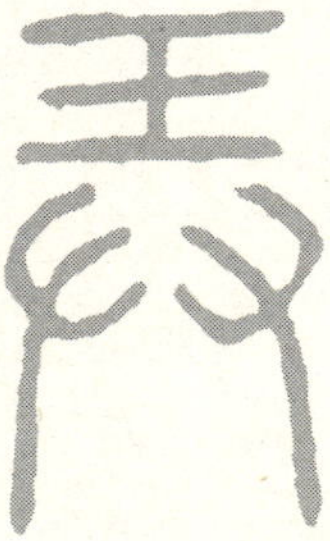

在汉字中“弄”是一个非常平民化的字眼，使用频率很高，在人们的生活中无论大事小事，只要不上纲上线就可以用“弄”。如“弄干净”、“弄丢了”、“弄伤”、“弄张电影票”等等。语言学者称其为泛义动词。泛义动词是人类语言中一类特殊的动词，它们可以在句法上替代许多具体动词，随着不同的语境表达一种宽泛而不十分确定的语义。在语用上它们的使用范围相当广泛。汉语中的“打”、“搞”、“干”，东北话中的“整”都是这类动词。由于其意义的多样，应用的灵活，一些学者感觉到它变幻莫测，刘半农甚至愤愤地称其为“混蛋动词”。很多时候人们对于自己最为习用的字反倒最说不清楚。

“弄”，甲骨文作之形，亦有笔画稍微繁复一些的、、等形体。有不少学者认为该字形是表示在岩穴中得玉两手把玩之形。在卜辞中“弄”有用作名词——方国名，如“雀其弄”（佚九六一）。金文“弄”作，下面是廾，表示一双手，上面是一串玉，合起来表示以手把玩一串玉。小篆“弄”作，基本承袭了金文的写法。《说文解字》：“弄，玩也，从廾持玉。”可见，造字之初，弄的对象只是玉，并非如当今这般广泛。把玩玉多少有些纨绔子弟的味道，穷苦人家估计没有玉，即便有一二，也无暇把玩。

《诗经·小雅·斯干》“乃生男子，载寝之床，载衣之裳，载弄之璋……乃生女子，载寝之地，载衣之裼，载弄之瓦。”这就是成语“弄璋弄瓦”的出处。“璋”为好的玉石，顶端作斜锐角形，是古代贵族在举行朝聘、祭祀、丧葬时所用的礼器。给男孩“璋”玩，一方面是希望他有玉一般的品德，一方面又希望他成为贵族，可以光宗耀祖。因而人们就把生下男孩子称为“弄璋之喜”。“瓦”是纺车上的零件。给女孩“瓦”玩，是希望她将来能胜任女红之意。所以人们把生下女孩子称为“弄瓦之喜”。古代有这么一则趣话：绍兴岑郡侯的夫人正怀着身孕，一天，郡侯出行，有一人来不及闪避，挡了道，被绑到府内。岑郡侯问他道：“你是干什么的？”那人答：“算命的。”郡侯说：“我的夫人有了身孕，请你看看，弄璋乎，弄瓦乎？”那人不明白“弄璋弄瓦”指的是什么，便随口说道：“璋也要弄，瓦也要弄。”郡侯听了，认为他是信口胡说，狠狠骂了算命的一顿。可是没多久，郡侯夫人果然生下一男一女双胞胎，算卦的因此名声大振，被誉为“神算”。

“弄”由手持把玩引申为一般的玩要，春秋《国语》：“夷吾之少也，不好弄戏。”又东汉《论衡》：“稷为儿，以种树为戏；孔子能行，以俎豆为弄。”是说后稷做孩子的时候，以种树为游戏；孔子刚会走路的时候，就以陈设俎豆为游戏。以此来说明人纯真和向善的秉性。

“弄”由“把玩”又引申为演奏乐曲和乐曲名称。中国古典名曲“梅花三弄”中的“三弄”是指在演奏过程中有三个变奏，即高声弄、低声弄和游弄。今琴曲中“三弄”的曲体结构可能就是这种表演形式的遗存。琼瑶曾在作品

唐代参军俑
引自《图说中国戏曲》，郭梅编著，吉林人民出版社，2009年。

中形象地描述梅花三弄："梅花一弄愁断肠，梅花二弄费思量，梅花三弄风波起，云烟深处水茫茫。"

在古代百戏乐舞中称扮演角色或表演节目为"弄"。如汉代的百戏"弄丸"是在广场上带有滑稽动作的高空掷球的杂技表演。唐代的"弄参军"、"弄兰陵王"，宋代的"弄悬丝傀儡"等都是这种充斥着戏谑色彩的表演。这种插科打诨式的滑稽演员原是为帝王诸侯遣愁解闷的弄臣，地位卑下的奴隶。

中国的弄臣早在三千年前就出现了。司马迁《史记·滑稽列传》中的淳于髡、优孟、优旃就是弄臣的代表性人物。他们凭借自身的幽默、智慧和对社稷苍生的使命感，用巧妙的方式，对君王进行讽谏规劝，有时也起到了一定的作用。优孟是楚庄王时的优人，善于讽谏。一次模仿孙叔敖，以讽刺庄王薄待孙叔敖后人。后来，人们把他的故事变为一个成语"优孟衣冠"，比喻演员表演得逼真。当然，大多数弄臣就仅仅是弄臣，其主要任务就是逗主子开心，根本上升不到国计民生的层面，只供后人解颐而已。中国古代的弄臣可分成三类：一为滑稽类，这类弄臣是靠形体本领和嘴上功夫，由此获得君主青睐和眷顾；二为佞幸类，这类弄臣恐怕是中国历史上最龌龊的了，说白了，就是皇帝的同性恋伴侣。如司马迁《史记》中的"无他技能，不能有所荐达，独自谨身以媚上而已"的邓通；三类则为文学侍从，这类人名为文人，实际上也是弄臣。在古代中国，由于文人没有独立的经济来源，他们被迫依附于权贵集团，只能用华丽的辞章取悦君王，以博得君主的褒奖与赏赐。弄臣是封建时代的产物，是集权专制社会的畸形儿，具有深刻的时代烙印。

唐宋时期，诗歌兴盛，“弄”被大量地应用于诗词歌赋中。仅《唐诗三百首》中“弄”就出现了140处之多。如李白的“人生在世不称意，明朝散发弄扁舟。”杜审言的“旅客摇边思，春江弄晚晴。”“弄”活跃虚幻的意义与诗歌活泼灵动的特点相契合，给人以无尽的遐想空间。宋代词人张先的《天仙子》中有“云破月来花弄影”句，其中的“弄”字用得精巧娴熟，把静景写成了动静，富有生命感，成就了千古名句。北宋时期，话本兴起，白话文的应用给“弄”提供了发展的舞台，也反映出“弄”在古代就比较口语化的特点。到了元明清时期，伴随着反映百姓生活的话本、杂剧和小说的蓬勃发展，“弄”在口语色彩浓厚的小说里使用频率更高了，用法也接近现代汉语用法。“弄”的发展历程，始终是玩心不泯，嘻哈色彩依旧。

“弄”又读 lòng，通“衖”，表示巷中巷。上海的巷子称为“弄堂”，与北京的胡同齐名。弄堂是上海开埠后的“土特产”，起初外国人只许中国人在租界里工作，而不允许在租界里居住。后来发现仅仅靠那些为数不多的外侨显然是不行的。于是，在19世纪五十年代太平天国运动进入江南，大量富有的中国难民要求移入的情况下，租界当局便顺水推舟，将租界向中国居民开放。为了便于管理，就在指定的地块上兴建大批集体住宅。这些房子像兵营一样联立成行，对内交通自如，对外只有弄口抵达马路，弄口设铁门，可以随时关闭。没有想到的是，这种原本是为了便于管理而统一建造的集体住宅，很快发展成为综合东西方居住特色的上海弄堂，并在随后的几十年里成为上海房地产

上海弄堂

引自《上海标记》，戴逸如等著，东方出版中心，2009年。

业的中坚。至新中国成立前夕，上海近420万的居民中，除了少数外侨和中国富人住着花园洋房，以及100多万贫民住在城市边缘的棚屋里外，绝大多数居民都居住在各式各样的弄堂之中。居高俯瞰，满目所及都是一片片鳞次栉比、此起彼伏的弄堂房子的层顶。难怪王安忆在《长恨歌》里说，“上海的弄堂是壮观的景象”，“它是这座城市背景一样的东西”。弄堂记载了上海的历史和风俗，反映了上海人的生活方式和文化传统。虽然弄堂已经渐渐消失于人们的视野，但作为一段历史、一种文化，它将会永远地留在上海人的记忆深处。

旷世“绝”俗

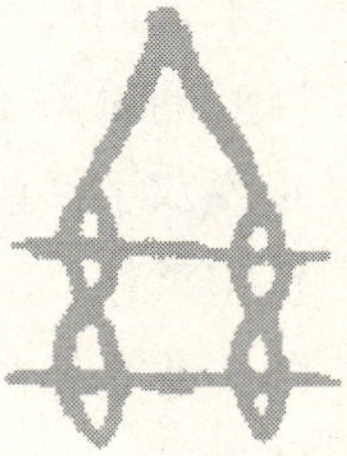

在所有的汉字中，“绝”是一个很有气势的字。“海到无边天作岸；山登绝顶我为峰”，“绝”字正是具有这样一种气魄，始终以高远之势矗立在人们的心中。“绝”代表着弃世绝尘之心，“绝”包蕴着义无返顾的精神，“绝”具有世人难以企及的风骨和智慧。

“绝”，甲骨文作、、等形体，在两缕丝线的中间加一条或多条短横，造字本义是以刀断丝。在甲骨卜辞中有“绝”字出现，但用法不明，有待进一步考察。如合二六三中的卜辞“有绝”，乙八三七〇中的卜辞“丁亥卜丙贞子商亡绝在祸”。金文“绝”作，在两组丝线之间加一把刀，明确表示用刀割断丝缕。《睡虎地秦简》中的“绝”作，篆文作。《说文解字》：“绝，

断丝也。从纟，从刀，从卩。㡭，古文绝。象不连体，绝二丝。”在古代，“绝”的反义词是“继”，“继”金文作𢇍，是接续断丝之义。

以刀断丝，很容易会让我们联想到孟母断机杼的故事。孟轲小时候，背诵诗文，他的母亲正在织布。小孟轲突然停止背书，一段时间后，接着再背诵下去。孟轲的母亲知道他是因为分心而遗忘了书中的内容，于是把他叫到面前，拿起刀割断了她正在织的布，用这种方法来告诫孟轲读书不能半途而废。孟子自此，勤学不止，终于成了天下有名的大儒。“断机杼”对于孟子的成长，是最关键的一次转折，他从母亲决绝的行动中看到了做学问持之以恒的重要性。

孔子晚年很爱读《周易》，翻来复去地读。古代的书是写在竹简上，用熟牛皮绳（即韦）把竹简编连起来。孔子竟使编连《周易》的皮绳断了好几次。后来人们用“韦编三绝”来形容读书的勤奋。

孟母断织教子

引自《孟轲》，吕涛著，江苏古籍出版社，1991年。

“绝”的对象不限于丝绳。成语“举鼎绝膑”是说双手举鼎，折断胫骨，比喻能力小，不能负担重任。“泪迸肠绝”是指悲痛得泪涌肠断。非具像的事物如关系、消息、感情等的消失、停止也可用“绝”。如“鸿稀鳞绝”指书信少，“音问两绝”指书信和消息都断绝，“恩断义绝”指感情破裂。

“绝”表示的停止往往是破釜沉舟式的，不留一点念头、退路。如绝情、绝笔、绝后、绝迹、绝命、绝食、绝交、绝望等，这样的绝都是生活中极端现象的表现，意味着没有后续。

再进一步“绝”又引申出了独特、少有，无人能及。如“绝技”是独一无二、超群的技艺，所以身怀绝技者一定是高人；绝色佳人

韦编三绝
引自《三字经》，曾新桥编，白山出版社，2008年。

也必定是绝顶美貌的女子；千古绝唱是达到最高水平的造诣。鲁迅先生对司马迁《史记》的评价即是“史家之绝唱，无韵之离骚。”

段玉裁在《说文解字注》中指出：“断之则为二，是曰绝。引申之，凡横越之曰绝，如绝河而渡是也。又绝则穷，故引申为极，如言绝类、绝妙是也。”古代横渡水或横穿山林、关塞、沙漠称为“绝”。如《荀子·劝学》：“假舟楫者，非能水也，而绝江河。”李白《蜀道难》中“西当太白有鸟道，可以横绝峨眉巅”。

学科意义上的“绝学”专指几近绝境、濒临灭绝的重要学问。在中国，绝学既是体现民族特色、独一无二的学问，又是面临着失传危险的学问。宋儒张载以“为天地立心，为生民立命，为往圣继绝学，为万世开太平”为学术之宗旨。绝学者有如在寥无人迹的荒野中探赜索隐，终其一生，而文化的火种也恰是由这样一些安贫寡欲之人才得以留存。“虽然绝学是面临失传的濒危学科的统称，多因冷僻、艰深，被人视为畏途，不敢近染，但其实绝学早已深深地嵌入我们的文化中，其意义非比寻常，必须有人来研究。”著名古文字学家王宇信如是说。

中国的文人爱追求用词的奇巧，对联中的绝对就是这方面智慧的结晶。因为一个堪称绝对的上联或下联，从它产生的那天起，不管知道的人有多少，人们很难找到可以与之匹配的好对句。相传苏洵写的一篇文章，欧阳修极为欣赏，题一上联"古文故人做"，竟不能对出下联，遂成为一绝对，至今无二可至。

又传说乾隆年间的一次科举考试中，两考生脱颖而出，伯仲难分。考官只好将考卷呈乾隆皇帝钦定。乾隆阅后也难下定论，于是口谕："朕明日出句，命二生续对，对高者为状元。"此时的乾隆正巡游江南，驾临杭州。次日晨起，眼看那西子湖畔杨柳青青、烟雾皂皂之良辰美景，皇上欣然提笔出句："烟锁池塘柳。"二位考生见到这个出句后，反应各异：甲生一看，大惊失色，惶惶而去；乙生苦思，良久无对，怏怏离开。结果，甲生被乾隆钦点状元。众臣不解。乾隆道："朕这一出句五字均为形声字，且其偏旁恰好构成'金木水火土'五行，如此难度，当属绝对。甲生能在瞬间断定无对，其才华肯定高于乙生一筹也！"也正因为这一五行出句既奇又绝，果然不出乾隆所料，成为了传世绝对。

绝句是古人诗句追求奇绝的又一表现，绝句又称截句、断句、绝诗，四句一首，短小精萃。它是唐朝流行起来的一种诗歌体裁，属于近体诗的一种形式。"绝句"一词在南朝的齐、梁时代就已出现。陈代徐陵的《玉台新咏》收有四首五言四句的诗，不知作者名字，题为"古绝句"。此时的绝句并不要求平仄和谐。绝的意思是"断绝"，古人用四句一绝的四句诗来完成一个思想概念。绝句分为律绝和古绝。律绝是律诗兴起以后才有的，要求平仄。古绝远在律诗出现以前就有了。唐宋两代，是我国经典诗歌的黄金时代，绝句风靡于世，脍炙人口，创作之繁荣，可谓空前绝后。

现代人都明白世上没有最好，只有更好，但是古人似乎不管这些，如飞蛾扑火般地追求着旷古绝伦，做出的很多事让后人瞠目。《三国演义》里曾记述这样一件事，刘玄德途次绝粮，尝往村中求食。一日，到猎户刘安家。

刘安闻刘豫州暮至，欲寻野味供食，一时不能得，乃杀妻以食之。玄德曰："此何肉也？"安曰："乃狼肉也。"玄德不疑，乃饱食了一顿，天晚就宿。至晓将去，往后院取马，忽见一妇人杀于厨下，臂上肉已都割去。玄德惊问，方知昨夜食者，乃其妻之肉也。玄德不胜伤感，洒泪上马。刘安的忠诚所至，着实吓人，后人恐难以与之匹敌。

从古人毫不犹豫得斩断辛辛苦苦织出的丝缕开始，与绝相关就注定与众不同。"绝"以特立独行的文字性格带动着众多的词汇不再平庸，或入天堂精美绝伦，或下地狱惨绝人寰。

鉴“宝”

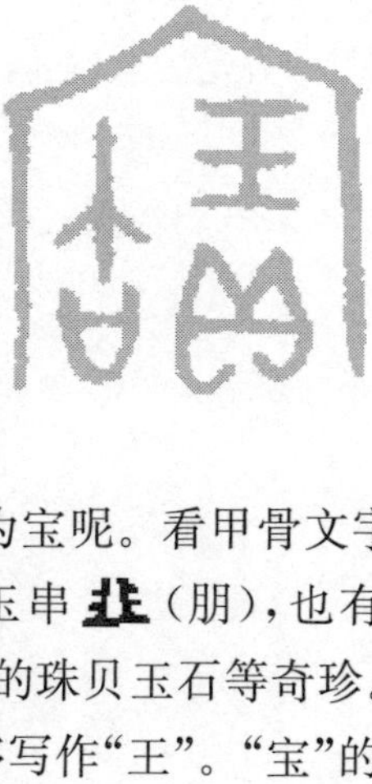

在中国先民的眼中，何为宝呢。看甲骨文字形（宝）可知“宝”是屋内一个贝和系在一起的两挂玉串（朋），也有写作玉在上，贝在下的。“宝”的造字本义是藏在家里的珠贝玉石等奇珍。甲骨文将两挂玉串简化为，即一串玉，古代“玉”多写作“王”。“宝”的意义非常美好，所以在卜辞中，“宝”常用作人名。如“壬寅妇宝示三屯岳”（粹一四八九）。金文中多见“宝”字形，如《宰𠭯敔》作，《禽敔》作，《番君敔》作，《仲盘》作，《虢季氏簋》作，等等。《金文编》中收录有二百多个“宝”字形。与甲骨文“宝”不同的是，金文“宝”多加了个表音的字符，如字形加（缶，瓦罐）表音。篆文基本承续金文字形。简化字形在汉代的中山王印上已出现，最初写作宝，屋内一串玉，省去了“贝”和“缶”。下面写作“玉”的“宝”字最早出现在唐代敦煌变文写本中，后来草书宝和俗体楷书宝都可见。

《说文解字》：“寶，珍也。从宀从王从貝，缶聲。”“宝”是多个形符一个声符的形声字，本义即为财宝。《文心雕龙·才略》“金玉珠质皆宝也。”我们现在还常把贵重的东西称为“宝贝”，在古代很长一段时间里贝是财富的象征，“贝”和“宝”联在一起足以证明人们心中的宝就是财物。

回顾历史来看，视财物为宝是众生千年不变的追求定式。司马迁云：“天下熙熙皆为利来，天下攘攘皆为利往。”人们常说人为财死，鸟为食亡，人们是这样说的也是这样做的。中国有个成语“剖腹藏珠”，是说西域有个商人，偶然得到一颗珍珠，乃是见所未见的无价之宝。他非常喜爱，深怕被人盗去，搁在哪儿都不放心。后来，他剖开自己的肚子，把珍珠藏在里面。这样倒是相当稳妥了，可是他的命也没了。这种人为财殒命，可谓惜宝贪财到了极致。

多宝阁是古代文人雅士书房必备之具

引自《图说礼仪》，王金玲等著，重庆出版社，2008年。

历史上，在陕西临潼曾上演了斗宝的一幕。春秋时期，各诸侯国纷纷争夺霸主地位，秦穆公为了威震其他诸侯国，采纳谋士的建议，邀请十七国诸侯王到临潼集会，各国把自己的国宝拿来展览，评出最佳传国之宝。当时各国呈现的国宝有美玉、铜镜、宝马、夜明珠等，楚国大夫伍子胥明白秦穆公的用意，在会上举鼎示威，制服秦穆公。后以“临潼斗宝”来比喻夸耀豪富、争强赌胜的行动。

随着货币的普遍使用，珍宝等财物的价值更直接地体现在货币上，铜钱也开始以“宝”为名。唐高祖武德四年(公元621年)铸造开元通宝。开元意

开元通宝
引自《中华一万年》，郭志坤等著，浙江人民出版社，2009 年。

为开辟新纪元，非指年号。以后历代沿用，并常在“通宝”二字前冠以年号、朝代或国名，铸于钱面。如南唐“大唐通宝”、“唐国通宝”，宋太宗“太平通宝”，宋徽宗“大观通宝”、“宣和通宝”，元惠宗“至正通宝”，明成祖“永乐通宝”，宣宗“宣德通宝”等。开元通宝钱的流通，对中国度量衡法产生了重大影响。

“有钱能使鬼推磨，没钱就做推磨鬼”，在很多人看来，拥有财物也就意味着拥有了一切。西晋的鲁褒有一篇著名的《钱神论》，文中借虚构人物司空公子之言淋漓尽致地阐释了人们疯狂拜金的根源，“失之则贫弱，得之则富昌。无翼而飞，无足而走。解严毅之颜，开难发之口。钱多者处前，钱少者居后；处前者为君长，在后者为臣仆。”这种“金钱至上”的理论很容易使人产生一种错觉，以为金钱无所不能，使人产生对金钱的崇拜，诱发对金钱无限制的追逐和占有，从而走向拜金主义。从拜金主义的产生来看，拜金主义表面上是对金钱的崇拜，但这种崇拜的背后实际上是享乐主义在作祟。

掸去世俗浮尘，我们还可看到很多人心中的“宝”是更高的追求。譬如视才能为宝，如宝刀未老、传经送宝；又如视人才为宝，如东南之宝即指东南地区的杰出人才。《孟子·尽心下》：“诸侯之宝者三：土地、人民、政事。宝珠玉者；殃必及身。”其意思是诸侯的宝贝有三样：土地、百姓和国家大事。以珍珠美玉为珍宝的，祸害一定会降临到他的头上。“宝”还引申为美德、才能。如《论语·阳货》：“怀其宝而迷其邦，可谓仁乎？”意思是自己有一身的本领，对国家的事情却糊里糊涂，可以称得上是仁爱吗？

《左传·襄公十五年》中有这样一则故事：一天，宋国有一个人拾到了一块宝玉，便将它献给楚国的当权者子罕，子罕当即予以拒绝。那个献宝玉的人误以为子罕认为这宝玉是假的，因此不愿收，便对子罕说：“我曾将这块玉给治玉的工匠看过，工匠告诉我说这是一块珍宝，因此我才将它献给您的。”子罕说：“你以玉为宝，我以不贪为宝，如果你把玉送给我了，我们两人都会丧失其宝，不如我们各自保留住自己的宝吧。”子罕最终也没有接受那块宝玉，从而成就了“子以玉为宝，吾以不受子玉为宝”的清廉不贪的人物形象。

“宝”后来也常作为形容词，修饰那些珍贵的事物。如“宝绘”指珍贵的画，“宝章”指珍藏的名书法家真迹，“宝帚”是毛笔的别称，“枕中鸿宝”指珍秘的书籍。“谢家宝树”原指谢家的人才栋梁——谢玄。这个典故来自谢安与侄子谢玄的对话。早年谢安问谢玄等子侄，为什么子女对父母的事情并没什么影响，但是大家却都希望自己的子女能够有出息呢。别的子侄都不能回答。只有谢玄回答“譬如芝兰玉树，欲使其生于庭阶耳”。有出息的后代像馥郁的芝兰和亭亭的玉树一样，既高洁又辉煌，长在自己家中能使门楣光辉。谢家子弟确实是这样一次次安定与挽救了东晋王朝，忠诚高洁，勇敢睿智，可称为谢家之宝树。后来一般指很有出息的子孙后代为“谢家宝树”。在王勃的《滕王阁序》中也有“非谢家之宝树”的自谦之句。

奉何为至宝实乃人一生追求的引导，是珠光宝气的萦绕，还是惟德是馨的熏陶，鉴之不同，宝亦不同，世人皆明前者侍身，后者养心，最终得失几何，唯得宝者自知。

一缘一“会”

中国人看到“会”字就会想到开会，中国体制内任职的人，没有一个不是经历过文山会海磨砺的。对于现代人来说“会”是一种约束，而古代的“会”是一种际遇，是人生何处不相逢的感慨，是丝丝入扣的契合中感知到的缘分。《诗经》上说“君子役物，小人役于物”，而现代社会有几人是超然物外者，我们比古人背负起了更丰富的生活物质，我们也就同样失去了更多生活的惬意。

“会”的繁体字作“會”，简化字形“会”最早见于居延汉简，后在草书中广泛运用，1932 年简化汉字时明确以“会”代替繁体字“會”。有些人看到“会”字是一个“人”字加一个“云”字，就猜测“会”字的造字理据是开会时人云亦云，这完全是现代人的臆想。

甲骨文、金文的“会”字非常丰富，这些字形放在一起，让我们恍若看到了古代的盛宴，我们可以想象老祖宗舌尖上的文化已经非常丰厚。“会”字上面像器物的盖子，下面为盛物之器，中间部分为器物中所盛的各式食物，也有人解释为类似于现代算子的器物。整个字形表示盛了物品并盖上盖子，所以引申有会合之义。卜辞中“会”有用作该词义，如“辰卜来会于向”（甲三六三〇）。

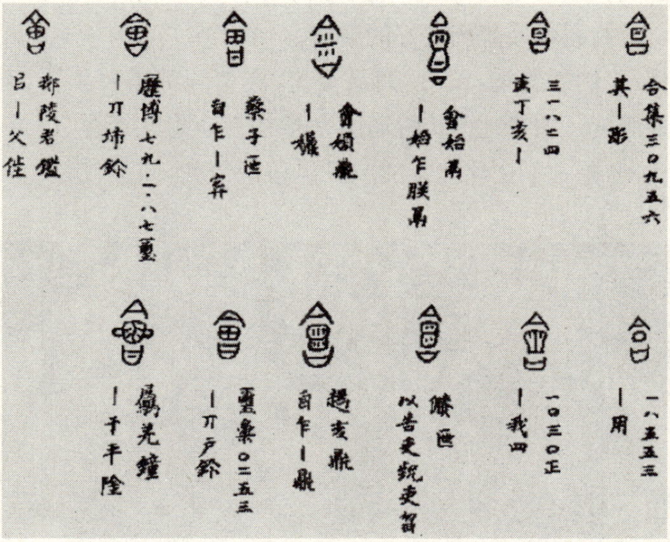

“会”的甲金文字形

引自《古文字谱系疏证》，黄德宽主编，商务印书馆，2011 年。

若是略去中间的部分，剩下的部分就是一个“合”字，“合”的金文作，从从口，会意为有尖形盖的器皿，故“合”古通“盒”，敛物之器也。高本汉在《汉文典》中指出，“合”字“像一盖子盖在物体的开口处”。观之甲骨文字形，确实不难理解其象形之说。“合”字其后历经各个文字变革时期，形体基本上没有变化。又，器盖与器身上下相合，故又训为契合，合为一体。

与“合”字意义相同的就是“会”字。《说文》中解释为：“会，合也。”段玉裁注："器之盖曰会，为其上下相合也。""合"、"会"一字之分化，可以互训。"会"的本义就是"会合"的意思。"合"、"会"两字的本义是相同的，因此它们能组合成同义复合词"会合"。

由此，我们也就知道了古文中的"会茶"就是一起喝茶；"会酒"就是一起喝酒；"会猎"指会合打猎，又比喻会同作战；"会衔"是联名签署公文。明冯梦龙《东周列国志》第二十四回："寡人用兵车之会三，衣裳之会六，九合诸侯，一匡天下。""兵车之会"是带有兵车的武装会盟；"衣裳之会"与"兵车之会"相对而言，指载歌载舞的友好的会盟。

在古代，人们的祭祀、议事、商品交流、庆贺等都需要集会，有些逐渐形成了一定的制度。如各地的传统庙会是指在寺庙附近聚会，进行祭神、娱乐和购物等活动，是中华文化传统的节日风俗。最初，庙会仅是一种隆重的祭

庙会

引自《晚清遗影》，史革新等著，山东画报出版社，2000年。

祀活动，随着经济的发展和人们交流的需要，庙会在保持祭祀活动的同时，逐渐融入集市交易活动。这时的庙会又得名为“庙市”，成为中国市集的一种重要形式。随着人们的需要，又在庙会上增加娱乐性活动。于是，过年逛庙会成了人们不可缺少的过年内容。但各地区庙会的具体内容稍有不同，各具特色。

古代妇女的聚会
引自《古代风俗百图》，王弘力著，辽宁美术出版社，2006年。

古代的妇女平日大门不出二门不迈，很少抛头露面。但在特定的节日，如每年七月七日的七夕节和每月的十九日，她们就可以出游和聚会。古代以每月二十九日为“上九”，初九日为“中九”，十九日为“下九”。下九日为汉代妇女欢聚的日子。《古诗为焦仲卿妻作》中：“初七及下九，嬉戏莫相忘。”元伊世珍《娜嬛记》引宋无名氏《采兰杂志》：“每月下九，置酒为妇女之欢，名曰阳会。盖女子阴也，待阳以成。故女子于是夜为藏钩诸戏，以待月明，至有忘寐而达曙者。”

各种集会，其实主要是人的聚集。优秀人物的聚会常被称为“亨嘉之会”，“亨嘉”喻意有能力的人。伴随着人聚集的频繁，各种组织纷纷出现。大到社会组织，小到各种帮会，名目繁多，如商会、学会、工会、行会等，会成为构筑一个社会的基本单位。个人是渺小的，凝聚的力量是无穷的，人们化身于各种组织中，仿若自身也强大起来，因而得以释然。

我国西周时期，设有专门负责管钱粮和税赋的“司会”一职，它与专门负责财务保管工作的“小宰”有明确的分工。在日语中还有“司会”一词，意为主持会议，掌握会场的人，如大会的司仪、主持。这已是后起的意义。在周代，“会计”一词已经有了明确的含义，即所谓“零星算之为计，总合算之为会”。那时数据的统计已有日汇总、月汇报和年汇总，分别称为“日成”、“月要”、“岁会”。

“会计”的“会”为何读为 kuài 呢？这是汉语构词法中出现的一种现象。是因为随着社会的发展，新词不断地出现，但并不是每一个新词都要另造一个新字，有些是采用元辅音曲折的方法来构成新词，“会”的变化即是如此。《广韵》解释“会”为“合也，……黄外切”，即“会”本读为 huài，这个古音在湖南的方言中还有保留。后来出现表示会计意义的“会”时改读为 guài，与 huài 是同韵，只是改变了辅音，以示区别。再后来，表会计的 guài 由不送气变为送气，读为 kuài，而表示开会的 huài 变为 huì，二者之间的差距逐渐拉开。

“会”字在使用中由实词发展为虚词，“会”字很早就引申为副词，表示恰巧、适逢。《诗经·大雅·生民》中“诞寘之平林，会伐平林”，是说姜嫄本打算把后稷扔在树林中，适逢有人来伐木，不便弃置。这里的“会”用作副词，适逢。由副词又引申表示“应当”的意义，后发展成为表示有可能实现的助动词。这也是“会”字现代的基本用法之一。

在佛教的观点看来，人与人之间的相逢都是天缘契合，因而要珍视一缘一会。现代人的生活中，各种聚会、宴会多了，好像麻木了，无所期待，但其实我们每个人的心中都觊觎着那令人怦然心动的“一会”的出现，这个“会”许是一种机遇，那是属于强者的风云际会；许是一种默契，那是有识之士的心领神会。

“常”道难寻

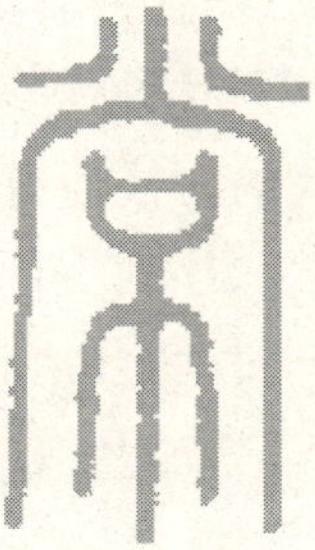

“常”代表着经验，代表着熟识，代表着心安。中国人自古不爱冒险，习于安常守旧，一切的革新变故都会让很多人心生恐惧。这个千百年来让我们安于其中的“常”到底是什么呢？是画地为牢造成的自闭，还是矢志不渝带来的沉湎？

《说文》曰：“常，下帬也。从巾，尚声。”帬即为裙。徐铉曰：“下直而垂，象巾，故从巾。今文作裳。”“常”与“裳”古本一字。本义指人穿在下身的类似裙子一样的衣物（上身称“衣”）。《包山楚简》中的“常”写作，下从“衣”，也就是“裳”字。《汗简》中“常”作，又作，可见，在古文字中“常”既从“巾”又可从“衣”。《逸周书·度邑》中：“叔旦泣涕于常，悲不能对。”是说叔

旦的泪水落在裳上，悲痛得说不出话来。后世“常”、“裳”二字的用法发生分歧，其中“裳”字仍保留着它的本义，指下身的裙；而“常”因是人们平时天天要穿的，于是引申为恒久、经常之义，还用来指法典、伦常等。

“常”字早期还指旗帜，段玉裁解释到：“从巾者取其方幅也。”古代还有专门管理旗帜的官员，称为司常。《周礼·春官》：“司常，掌九旗之物名，日月为常。”在古人的眼中，只有日月是最为恒久的，也是王者的象征。因而，“王建太常，诸侯建旗。”《释名》中阐释：“日月为常，谓画日月于其端，天子所建，言常明也。”《周礼·卷八·夏官司马》云：“节服氏掌祭祀朝觐衮冕，六人维王之太常。”意思是说节服氏掌管王祭祀、朝觐时的衮冕，当王祭祀或朝觐时，由六人执持王的太常旗。后来便将奉太常旗的官员定为奉常。

秦代定官制，设奉常以掌宗庙礼仪，与周制六卿之一的春官宗伯职掌相似。奉常是后代太常的前身，此后历代或有变动，太常之设迄清末始废。太常是中国古代重要的官职，负责宗庙祭祀等礼乐活动，在中国古代礼乐发展史上有着举足轻重的作用。元代的时候还有太常礼仪院，掌重大礼乐事宜、祭祀宗庙社稷、封赠谥号等事。

清代宫中还有“常在”的称号，与“答应”同为最低级妃嫔。《清史稿·后妃列传》：“皇后居中宫；皇贵妃一、贵妃二、妃四、嫔六、贵人、常在、答应无定数，分居东西十二宫。”

“常”还可表示为长度单位，古制八尺为寻，倍寻为常。《说文》：“人之两臂为寻，八尺也。”人平伸两臂时两中指之间的距离正好是人的身高。古人的一尺约为现在的五寸多，一寻八尺约相当于现在的五尺，这是普通人的身高。常为倍寻，即一丈六尺，正好是释迦牟尼佛身的高度。

古书中“寻常”经常连用，表示很短的距离。《五蠹》：“布帛寻常，庸人不释。”因寻常都为度量单位，属量词，所以杜甫的《曲江》“酒债寻常行处有，人生七十古来稀”中，“寻常”可与“七十”相对，属对仗中的借对。“寻常”一词很早就用来表“一般的，普遍的”意思，如刘禹锡《乌衣巷》：“旧时王谢堂前燕，飞入寻常百姓家。”

佛家也特别强调这个"常"字，如"无常"、"平常心"最初都是佛教用语。

"无常"本是佛教的一种教义，佛教《涅磐经》认为："世间一切之法，生灭迁流，霎那不住，谓之无常。"无常观是佛教的基本观念，在思想上，它提出了相对于真的虚，在文化观念上，它向一般人提供了精神寄托与救赎途径。

"无常"这个词，后来走出寺庙成为世俗词汇。在许多由佛教教义衍化而来的故事之中，有了"无常"这个"人物"。在旧时迷信中，人们将无常划分为黑无常和白无常，是人死时勾魂摄魄的使者。白无常面白如粉，穿白衣服，戴白色的高帽，手持白色哭丧棒，全身都是白色，只有间或吐出来的长舌头是鲜红色的。这种造型，相当诡异恐怖，但只要是中国人，一见就会认出这是白无常。至于黑无常，一切和白无常相反，都是黑色的。两位无常的性格，从他们的脸型上来看，就有显著的不同：黑无常哭丧着脸，看来十分悲苦；而白无常则现出十分诡异的笑容。可以把他们两个分为：一个是摆明了要拘魂，一个则可能设计陷阱，使人中计而失去生命。黑白无常的责任是负责拘魂，也就是夺取活人的生命，使之变成死人，而把人的灵魂带到阴间去，听候处理。

黑白无常
引自《中国百神仙》，徐彻编著，上海科学技术出版社，2008年。

"平常心"本也是佛家用语，《江西大寂道一禅师语》："谓平常心，无造作、无是非、无取舍、无断常、无凡、无圣。"所谓"平常心是道"，是指一种在日常生活的行、住、坐、卧当中，内心保持平衡、平等，不刻意修行的禅法。曾有一偈子云："僧问：'学人迷昧，乞师指示。'赵州云：'吃粥也未？'僧云：'吃粥也。'赵州云：'洗钵去！'其僧忽然有省悟。"这首偈子，表达了"平常心是道"的境界。平常心，是指眼前之境就是真心的显现，当下就是真理，不需要到遥远的地方追寻。若无闲事挂心头，一年四季各种不同的天气都各有各的好，悟道者一概笑而纳之。

在中国，三纲五常是儒家伦理文化中的架构。“三纲”即“君为臣纲”、“父为子纲”、“夫为妻纲”；“五常”是指“仁、义、礼、智、信”。东汉后期，马融在其《论语注》中最先把三纲五常并提，封建纲纪和处理这种纲纪的伦理道德原则开始结合，构成了一个完整的伦理道德体系。在隋唐以后，“三纲五常”的提法已经普及。到了宋代，理学家朱熹将“三纲五常”这一伦理道德体系发展到了极致，朱子治家格言有“伦常乖舛，立见消亡”，也就是说违背了伦常，马上就会遭祸。

五常又称“五典”，即五种行为规则，语出《尚书·泰誓下》：“狎辱五常。”唐孔颖达疏云：“五常即五典，谓父义、母慈、兄友、弟恭、子孝。”五常作为封建社会的最高道德原则和观念，被写进封建家族的族谱中，起着规范、禁锢人们思想、行为的作用，直接影响着中国人的国民性。

“常”后来又引申出恒常、规律、固定不变、永久的意思。荀子《天论》中多次提到“常”，如“天行有常，不为尧存，不为桀亡”，“天有常道矣，地有常数矣，君子有常体矣。君子道其常，而小人计其功。”在荀子的眼中“常”就是天地间固定不变的规律。

常态是一种自然的状态，但我们总以为平常的事物最激不起我们的热情，留不住我们的目光。我们厌倦了那个住了几十年的旧宅子，厌倦了那条走了几十年的回家小道，而当这一切在推土机声中顷然消逝时，那条熟悉的小道又会多少次幻现在我们的梦境中，引得我们整夜追寻。对于当今的人而言，若能放下轻狂、放下虚荣、放下浮躁，回归常道，就会感觉到幸福是触手可及的。

“介”然不群

“介”字寥寥四笔，构字简单，但历史久远，义项丰富。“介”本是象形字，甲骨文字形，象人身上穿着铠甲形。中间是人，两边的四点象连在一起的铠甲片。此外，“介”在卜辞中还用作“求”义，如“不其介雨”（乙二八七七）。“介”的本义是铠甲。由此，介士指穿着甲胄的兵士；介胄指铠甲与头盔；介人指武士、甲士。韩非子《五蠹》：“国平养儒侠，难至用介士。”是说国家太平的时候收养儒生和游侠，危难来临的时候却要用披坚执锐的士兵。

古代战争中，不仅人要穿铠甲，马也要披甲，即介马。《左传·成公二年》齐侯放言：“余姑翦灭此而朝食，不介马而驰之。”齐侯不等给马披甲便出击，表现出他的骄傲轻敌。司马迁《史记·晋世家》：“献楚俘于周，驷介百乘，徒兵千。”“驷介”指四匹披甲的马所拉的战车。

因为“介”和“甲”古代同义，所以有甲壳的虫类及水族（如贝类、螃蟹、龟等）称为介虫，始见于《大戴礼记·易本命》。也泛指除鳞、羽、毛、倮之外的其他动物。《本草纲目》中设有介部类，李时珍指出：“介虫三百六十，而龟为之长。”宋琬《安雅堂集》中有《介虫》篇：“海滨有介虫焉，状如蟛蚑八足二螯，惟右螯独巨，长二寸许。潮退行沮洳中，闻人声，弗逊，竖其螯以待，若御敌者然。土人取而烹之，螯虽熟不僵也。”这里描述的介虫就是海蟹。螃蟹在古代还有“横行介士”的戏称。

战国武士图
引自《中国古代兵器图说》，刘秋霖等编，天津古籍出版社，2003年。

“介”由坚硬的外壳引申指人性格上的坚强不屈，耿直、耿介。孟子曾曰：“柳下惠不以三公易其介。”意思是柳下惠不因三公高位改变他那耿介的性格。汉张衡《思玄赋》中：“孑不群而介立”表现了自己耿介不阿的性格。耿介之士往往是一个国家的脊梁，中国历史上的海瑞、包拯、狄仁杰、林则徐都是这样的人物。韩非子《五蠹》：“人主不除此五蠹之民，不养耿介之士，则海内虽有破亡之国，削灭之朝，亦勿怪矣。”是说君主如果不除掉这五种像蛀虫一样的人，不广罗刚直不阿的人，那么，天下出现破败沦亡的国家，地削名除的朝廷，也不足为怪了。

古代的介士常被作为辅助者或副手，后因以指传信的人。古代诸侯朝天子，或两君相朝，不直接见面，朝者愈尊，则朝位间距愈远。宾主各有传命之人，客方称“介”，介有数人，居首者称上介，居中者或一人、或三人、或五人、或七人，均称承介，居尾者称末介；主方称“摈”，摈之人数少于介，其名称如介，亦有上摈、承摈、末摈之别。宾主交接之初，宾之言辞先传于上介，上介传于承介，承介传于末介，末介传于上摈，上摈传于承摈，承摈传于末摈，末摈传于主人。反之，则主人之言辞由众摈依次传之于介，众介又依次相传而达于宾，即所谓“绍介”，绍，继也。现在人们常说的“介绍”，系指第三方以言语沟通当事之双方，其源盖出于此。而日语中“介绍”依然作“绍介”，保留了古语且使用至今。

古礼，介之人数及宾主间之距离，视使者级别而定。《礼记·聘义》：“聘礼，上公七介，侯伯五介，子男三介，所以明贵贱也。介绍而传命，君子于其所尊弗敢质，敬之至也。”这里明确指出在举行聘问之礼时，上公用七个为宾主传话的介，侯伯用五个介，子男只用三个介，用介数量的多少是用来分别贵贱的。

敦煌莫高窟壁画——西魏骑介马的武士

引自《图说中国古代兵器与兵书》，杜文玉等编著，世界图书出版公司，2007年。

古代“绍介” 的场面尽管繁琐，但可以尽显君主的威仪。这中间“介”的作用非常重要，他不仅是君命的传声筒，还肩负着展示本国礼仪风范的使命。《左传·昭公七年》：“三月，(鲁昭)公如楚。孟僖子为介，不能相仪。”这里记述了鲁昭公出访楚国，当时，孟僖子为介，但是孟僖子对于礼节往来却不能应对如仪。孟僖子为自己的失礼甚感愧疚，回国以后便认真学礼，并交代其子弟未来教育当以学习礼仪为重，所以后来其子孟懿子与南宫敬叔都成为孔子的学生。

“介”后来引申有“在其中”、“处二者之间”的意思，即所谓“中介”。现代的常用词如“介意”、“介事”、“推介”、“介词”都有处于其中的意思。

在中介义的基础上“介”又引申为“借”。“介”对于借入者叫乞求；对借

拜谒图

引自《图说礼仪》，王金玲等著，重庆出版社，2008 年。

出者叫赐予、施与。《诗经》中的“介”字大量出现且多数是用作“借”。

表示乞求义的“介”如：《七月》“为此春酒，以介眉寿。”是说做成这春酒，用来乞求长寿。《甫田》“以祈甘雨，以介我稷黍。”是说用来祈求甘雨，用来乞求施与我稷黍。《大田》“以享以祀，以介景福。”是说用来供献、用来祭祀，用来乞求大福。表示赐予义的“介”如：“介尔昭明。”是赐予你显明。《小明》“神之听之，介尔景福。”是说神灵所听到的，赐予你大福。《雝》“绥我眉寿，介以繁祉(福)。”是说安我长寿，用多福赐予我。

至于“一介草民”中的“介”用的是“草芥”之意，所以“一介”有小、卑微的意思。如“一介不取” 指一点儿小东西也不拿，形容廉洁、守法，不是自己应该得到的一点都不要。“一介之善”指微小的善行。“纤介之祸”指很小的过失。

日月见证下的誓言——“盟”

人们不断以气吞山河的激情营造着种种盟誓，曼妙的期许如亢奋药般鼓噪着人们的神经，然而，信誓旦旦之后，热情却如大海的潮水，总会消退，最终暴露在人们面前的是满目礁石。“盟”是为了追随永远而生，而哲学中的“永远”反倒是“永不存在”。

早期甲骨文中“盟”与“血”相通用。血，甲骨文作，像器皿中有血滴。古人认为血是生命的象征，将各自的鲜血滴入同一器皿的水或酒中，对天地发誓后喝下融合彼此鲜血的水或酒，表示生命相连，命运与共。“盟”的造字本义是共饮融合彼此鲜血的液体，发誓缔结生死之交。晚期甲骨文作，（皿）中血滴省略，加（明）表示公开，强调公开发誓缔交。晚期金文

，皿中又增加血滴，且将写成（明）。篆文承续晚期金文字形。

盟与誓经常连用，二者最初是有差异的。盟是要杀牲歃血，是两方或多方的约誓行为；誓不必杀牲歃血，可以是集体的约誓，也可以是单方面的发誓。先秦时代多用誓，很少用盟。如《谷梁传》言："诰誓不及五帝，盟诅不及三王。"刘勰曰："在昔三王，诅盟不及，时有要誓，结言而退。"可知夏商周三代之时，常用誓来保证信誉，而且誓的形式很简单，只是口头约定，便可"结言而退"。盟的出现与兴盛是周王室日趋衰落，诸侯之间彼此缺乏诚信所致，如徐师曾在《文体明辨》中所言："周衰，人鲜忠信，于是刑牲歃血，要质鬼神，而盟繁兴，然俄而渝败者多矣。"由于缺乏诚信，诸侯之间的约定必须依靠神灵来约束双方，由此举行杀牲歃血，诅于鬼神的仪式。甲骨文卜辞中就有这方面的记载，如"辛亥饮御百盟三"（存二·二八二），又如"甲辰贞其大御王自上甲盟用白豭九下示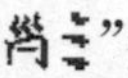"（粹七九）。

古人迷信于天，认为冥冥中有天神主宰着世间的一切。正是出于对神祇的共同敬畏，人们出于某些目的而缔结各种协定时，为了互相取信，就面对神灵作出遵守诺言的保证。盟誓的核心内容就是对不守信者，将由神祇加以惩罚，降下灾难。神祇的威慑力，给参盟者造成一种巨大的约束力与心理压力。在春秋时期，战与盟是诸侯之间经常使用和交替使用的两种手段。诸侯与诸侯、大夫与大夫、个人与个人之间契约的执行，主要是靠盟誓来制约的。在此背景下盟誓也就成为诸侯之间一种非常重要和常用的活动，打开《春秋》三传，触目皆是诸侯之间的会盟与背盟的行为。"盟"字在《左传》出现 640 次；在《公羊传》中出现 162 次；在《谷梁传》中出现 172 次。据《周礼·秋官》记载，当时专门有"司盟"之职，"掌盟载之法。凡邦国有疑会同，则掌其盟约之载及其礼仪"，主管盟书及其礼仪。

盟礼最主要的仪式是杀牲歃血和在神灵面前发誓，以神灵为盟誓之证。盟礼的过程大致是先掘地为方坎，在坎上杀牲，杀牲时先割牲耳，盛于珠盘，取牲血，盛于玉敦。由司盟蘸血写盟书，并宣读盟书。主盟者先微吸牲血（或以血涂口旁），然后由参盟者依次为之，这叫歃血。以歃血形式来取信，

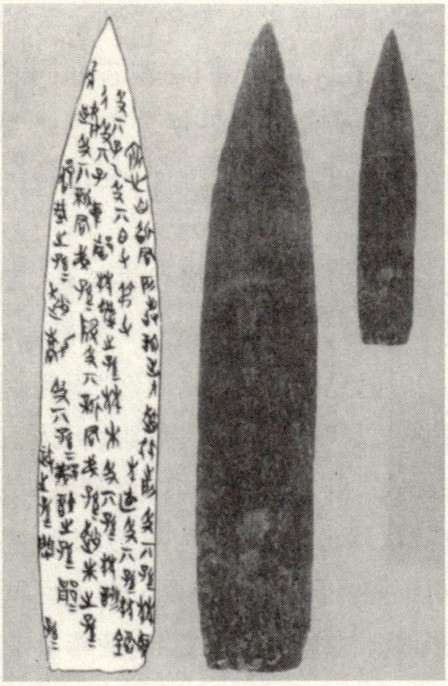

侯马盟书
引自《图说中国文化器物卷》，张国华等著，吉林人民出版社，2007年。

正是原始社会人们对于血的宗教观念的残余。在盟誓的礼仪中歃血的次序是以尊卑为序的，《左传·哀公十三年》记载“秋，七月辛丑，盟，吴、晋争先。吴人曰：‘于周室，我为长。’晋人曰：‘于姬姓，我为伯。’”吴国与晋国争着要先歃血其实也就是争当盟主地位。诸侯订立盟约，要割牛耳歃血，由主盟国的代表拿着盛牛耳朵的盘子，故称主盟国为执牛耳，执牛耳原本是一种仪式，后来泛指在某方面居于领导地位的人。

1965年，山西侯马晋国遗址出土了大量盟誓辞文玉石片，称为“侯马盟书”。这些玉石片共有五千余件，每件玉片大小不一，磨琢精致，用毛笔书写，字迹与春秋晚期的铜器铭文相似，大部分是朱红色，也有小部分是黑色的，比较清晰。因为玉片大小不一，字数也有多有少，多的达二百左右，少的只有十余字。侯马盟书是春秋晚期晋国赵鞅与卿大夫订立的文字条约，要求参加盟誓的人都效忠盟主，一致诛讨已被驱逐在外的敌对势力，不再扩充奴隶、土地、财产，不与敌人来往。侯马盟书的发现，使人们对古代的盟誓方法有了更为细致的了解。

春秋以至战国时代的誓盟，在许多情况下，其实是以强凌弱的结果，是弱者在强者军事的压迫之下，不得已而盟的，故出现所谓“城下之盟”，这实际上是不平等的条约。如郑国与晋国盟誓：“自今日既盟之后，郑国而不唯晋命是听，而或有异志者，有如此盟。”(《左传·襄公九年》)这种盟誓仅仅体现强势国家单方面的意志，要求弱国对强国惟命是从。

后来，人们发现背盟者并未受到上天的惩戒，守盟者也未必受到上天的庇佑。于是盟礼日渐式微，后来只是作为一种仪式保留，人们在盟誓的同时更加着重其他形式来辅佐盟誓的执行。故《左传·成公十三年》“申之以盟誓，重之以婚姻。”在盟誓之外，增加婚姻联系，以血肉之躯来担保，要比神灵的监察和道德的约束更为实际。

中国男人为朋交友到一定的境界，往往会采取这样一种形式来标注，即结拜为“金兰兄弟”。“金兰”一词出自《周易·系辞》：“二人同心，其利断金；同心之言，其臭如兰。”后来“金兰兄弟”又叫作“把兄弟”、“盟兄弟”、“干哥们儿”，而结拜的过程就叫作“拜把子”。如“竹林七贤”中的阮籍、嵇康、山涛三人，只见了第一面，便“契如金兰”。“桃园三结义”也是结拜的典范，刘备、关羽和张飞三位意气相投，言行相依，许下誓言：“虽然异姓，既结为兄弟，则同心协力，救困扶危；上报国家，下安黎庶。不求同年同月同日生，只愿同年同月同日死。皇天后土，实鉴此心，背义忘恩，天人共戮！”“桃园三结义”的故事一直为人们所传诵，也一次次有人效仿着焚香结义。梁启超在《论小说与群治之关系》一文中便谈到：“今我国民绿林豪杰，遍地皆是，日日有桃园之拜……”

男女恋爱的许诺本属私人生活，但因其约束为双方面的，又混称为盟。例如《左传·庄公三十二年》：鲁庄公爱上大夫党氏的女儿孟任，他提出要娶她为夫人，孟任答应了，为表诚意，便“割臂盟公”。割臂即刺破胳臂。后因称男女相爱，私下订立婚约为“割臂之盟”。现代人“割臂之盟”私订终身者不多见，多数人会为爱情许下海誓山盟。最早的海誓山盟是汉乐府诗《上邪》中一位女子的对天发誓之辞：“上邪！我欲与君相知，长命无绝衰。山无陵，江水为竭，冬雷震震，夏雨雪，天地合，乃敢与君绝！”以坚定的誓言来表达火一般的感情，尽现了主人公对爱情忠贞不渝的品格。

现代人更是不相信鬼神的惩戒，但我们还是常为誓言所感动。誓言的魅力在于说出来的勇气和震撼，可惜魅力会随时而化，魅力不存，誓言焉附？这就是为什么我们曾以人格甚至性命许下的诺言，若干年后竟会那么的苍白乏力。

其“素”若何

“素”是隐者的风范，素颜、素衣、素食，“素”字营造了一个没有丝毫张扬的淳朴世界。《说文》：“素，白緻缯也。”“素”金文写作，上部是织机，中间为白缯（丝织品）之形，下部两侧为双手，是表示双手执白缯。小篆的形体，双手被省略了。“素”本义是生帛，即未经漂煮加工和上色的丝织品。《玉台新咏·古诗为焦仲卿妻作》中“十三能织素”织的正是这种生帛。《孟子·滕文公上》有“许子冠素”，是说许子戴白色生绢的帽子。

古籍中的“素衣”指白色的衣服。《诗经》中有：“素衣朱绣，从子于鹄”句。在《列子·说符》中有一则故事：杨朱有个弟弟叫杨布，穿着素衣（白色的衣服）出门。恰好遇上天下雨，他就脱掉素衣换上缁衣（黑衣服）回家。他的狗不知道是他换了衣服，汪汪叫着扑过来。杨布怒气冲冲地就要打这条狗，杨朱对他说："你别打它啦，你也可能犯它这种错误。要是你的狗出去时是白色，回来时却变成了黑色，你会不觉得奇怪吗？"这个故事比喻遇到问题，先在自己身上找原因，不要忙于责备别人。

原始腰机织布

引自《文明的轮回：中国服饰文化的历程》，诸葛铠等著，中国纺织出版社，2007年。

"素衣"也指朴素的衣服，"素衣将敝"是形容人处境艰难，生活困苦。"素衣"还特指白色的凶服，中国古代丧服自周代一直用素服，包括素衣、素裳、素冠等，均取白色。《礼记·曲礼下》："大夫、士去国，逾竟，为坛位，乡国而哭，素衣、素裳、素冠。"郑玄注："言以丧礼自处也。"南宋时，以杭州为都，夏季天气炎热，士大夫便流行穿白色凉衫，礼部侍郎王俨就奏道："纯素可憎，有似凶服。"于是，皇帝就下诏令，禁服白衫。

除作衣料，在没有纸张之前，素还作为重要的书写、绘画材料。"握素披黄"中"素"即为写字用的白绢，黄是雌黄，是古代用以校点书籍的，这个成语是用来形容人勤于写作。古代人把书信写在长一尺的绢帛上，这就是"尺素书"，据说写好后会装在鱼腹中传给对方，《饮马长城窟行》"客从远方来，遗我双鲤鱼；呼儿烹鲤鱼，中有尺素书。"后来人们改以鲤鱼形状的函套装书信，于是"鱼传尺素"成了传递书信的代名词。但绢帛价格比较昂贵，一般人用不起，就连孔圣人都感叹："贫不及素。"即穷得用不起素。

"素"还成就了中国刺绣艺术，如蜀、湘、苏、粤四大名绣都是以白色生绢为依托创造出来的。清叶梦珠《阅世编·食货六》云："露香园顾氏绣，海内驰名，不特翎毛、花卉巧若天成，而山水、人物，无不逼肖活现，向来价亦最贵，尺幅之素，精者值银几两，全幅高丈者，不啻数金。"

战国时期齐国丝绸纹样
引自《齐都之最》，解维俊主编，天津百花文艺出版社，2006年。

生帛因呈白色，故“素”有白义。“素商”是一种对秋天的雅称，按古代“五行”之说，秋天色尚白，又属五音之中“商”的音阶，故秋天又称“素商”。元朝马祖常《秋夜》诗曰：“素商凄清扬威风，草根之秋有鸣蛩。”“素娥”指月宫中仙女嫦娥，因月色白，故称“素娥”。“素”和“练”均为白色，经常连用，“练”本义是把生丝蒸煮加工成洁白柔软的熟丝。在古代诗词中常用以喻云、水、瀑布等。唐杜甫《不离西阁》诗：“江云飘素练，石壁断空青。”《三国演义》第四八回：“天色向晚，东山月上，皎皎如同白日。长江一带，如横素练。”

“素”由白的、没有染色的，引申为朴素、纯朴。如陶潜《移居》：“闻多素心人。”意思是听说很多人都是心地纯朴的人。老子认为在物欲横流的大千世界，应该保持纯洁朴实的本性，减少私欲杂念，倡导“见素抱朴，少私寡欲。”宋代司马光在《训俭示康》中也表明：“众人皆以奢靡为贵，吾心独以俭素为美。”

“素”由白色又引申为空白的，没有实际意义的。《史记·货殖列传》：“今有无秩禄之奉，爵邑之人，而乐与之者，命曰‘素封’。”“素封”即没有实际内容、只有虚名的封赐。《资治通鉴·宋孝武帝纪》：“士庶虽分，本无华素之隔。”“华素之隔”指有官职职务和没有官职职务的分别。“素餐”出于《诗经》：“彼君子兮，不素餐兮。”《毛诗序》解此诗，谓“刺贪也。在位贪鄙，无功而食禄”，后人于是用“素餐”来比喻无功食禄的人。把“尸位(居其位而不尽其职)”和“素餐”两者连合成为一个成语，用来形容空占着职位，不做事而白吃饭。

“寒素”作为形容词，指门第寒微、地位低下、清苦俭朴；作为名词，指家世贫寒之人。《资治通鉴》"深知公功能，然门地寒素，不敢相用，恐为名流所嗤。"意思是我很了解你的功绩和才能，但因你出身寒门，我不敢起用你，害怕被名流们讥笑。又如"素士"即布衣之士，指贫寒的读书人；"素姓"指平民百姓；"素品"指低微的门第；"素室"指寒门。

"素"的另一常用义是"平素"、"旧时"。《汉书·高帝纪》："高祖为亭长，素易诸吏。"颜师古注："素，故也，谓旧时也。"成语"素不相识"、"素昧平生"、"安之若素"、"我行我素"中的"素"都是这个意思。

按照中国传统的养生学，人不应该追求浓烈肥厚的饮食，平易恬淡才是养生的硬道理。多食清淡素食，少食肥腻荤食在中国一直被倡导。《黄帝内经》提出"五谷为养，五果为助"。周代，素食与斋戒联系在了一起。《礼记·坊记》："齐（斋）戒以事鬼神。"斋戒事先数日要沐浴、更衣、独寝、戒酒、素食。相传，成汤灭夏桀于乙卯日，武王灭商纣于甲子日，之后历代为避免重蹈覆辙，便于这些日子斋戒，修养心性，初一、十五茹素遂成为习俗。

素食

引自《图说中国文化饮食卷》，王仁湘等著，吉林人民出版社，2010年。

信佛者遵守吃素，坚持戒律被称为“持斋把素”。佛教寺院茹素，其实是梁武帝萧衍所倡导。梁武帝晚年笃信佛教，甚至三次放弃皇帝宝座，舍身于建康同泰寺为奴，都被朝廷以重金赎回。佛经中有不杀生之教义，梁武帝因此而不穿丝绸衣服，因为取蚕丝要烫杀蚕蛹里的蚕蛾。当时梁武帝以大护法、大教主自居，曾下诏令《断酒肉文》。下诏后，又令僧众展开荤素之辩，最终以皇权强制寺院禁断了酒肉。寺院断酒肉后，素馔有了很大发展。

“素”还引申指根本性的物质或构成事物的基本成分，如毒素、色素、维生素、元素、因素、要素等。“素质“本指白色的质地，后多指事物和人固有的本质属性。《管子·势》：“正静不争，动作不贰，素质不留，与地同极。”晋张华《励志诗》之四：“如彼梓材，弗勤丹漆，虽劳朴斲，终负素质。”素质是与生俱来的，而素养是在生长中学来的。所以“素质教育”改称为“素养教育”许是更恰当的。

土生土长的“艺”术

艺术家们常说再高雅的艺术也是源于生活。我们从“艺”字的演变也可以看出，的确是质朴的土地滋养了“艺”。艺，甲骨文写作，金文作，都像一个人张开双手在劳作，手中有一棵幼苗，会种植草木义。晚期金文将写成（木），并加（土），强调培土种植。篆文承续晚期金文字形。在使用中“艺”的种植本义消失后，隶书是在篆书的基础上，上面加一（艸，植物）、下面加一，即增加了一个“芸”字，另造“藝”代替。“芸”字的增加并非是没有来头的，在古汉语中“芸”经常用同“耘”，与“艺”词义相近。在日本可以看到“艺妓”又称为“芸妓”。

简化字“艺”，只保留了“藝”的草字头，下面复杂的部分以简单的符号

"乙"来替代。有人附会:"乙"在汉语中是千年老二,用在此取义生活第一位,艺术第二位;有人说是取"乙"字的曲折字形来喻意追求艺术的道路是曲折的,也有说喻意艺术的玄奥。这些说法其实都是无稽之谈,"乙"在这里作声符,简化字"艺"是现代群众创造的新形声字,最初在解放区流行。

《说文》:"艺,种也。"甲骨卜辞有"艺木,生。"意思是种树,树活了。这里的"艺"用的是本义,指种植。《诗·唐风·鸨羽》:"王事靡盬,不能艺黍稷。"陶潜《桃花源诗》:"桑竹垂余荫,菽稷随时艺。""艺"皆表示种植。

耘

引自《中国古代发明图话》,赵海明等著,北京图书馆出版社,1999年。

农耕文化的产生和发展是人类历史上一次划时代的伟大变革。从此,人类实现了由攫取经济向生产经济的重大转变,从而结束了采集狩猎经济,进入到了农耕经济的时代。在农业社会中,种植是基本的生存技能,关系民生。传说炎帝神农氏三岁知稼穑,发明了农业技术。随之后稷将其发扬光大。《孟子·滕文公》中"后稷教民稼穑,树艺五谷。"这里"艺"与"树"同义,都表示种植。"树"的本义也是种植义,如"十年树木"。后稷好耕农,相地之宜,善种谷物稼穑,民皆效法。此后,农耕技艺代代相传,历代朝廷都以农业为本,重农的思想在中国封建社会中从未断绝。

由耕地的技能,"艺"又引申指其他的才艺、才能,使用范围逐渐扩展。古代儒家要求学生"通五经贯六艺","六艺"即礼、乐、射、御、书、数六种技能。六艺教育的特点是文武并重,知能兼求。六艺中礼、乐、射、御,称为"大艺",是贵族从政必具之术,是更深一层次的技能;书与数称为"小艺",是民生日用之所需,是基本的学习内容。《大戴礼记·保傅》篇中有"王子年八岁,学小艺;束发,学大艺。"当时,庶民子弟只给予"小艺"的教育,唯贵族子弟始能受到“六艺”的完整教育，完成自“小艺”至“大艺”的系统过程。六艺服务于阶级需要，但也反映了教育的普遍规律，对后世具有深远的影响。六艺还用来指六经，谓《易》、《书》、《诗》、《礼》、《乐》、《春秋》六种经典。

古代娴熟六艺者被称为“艺士”或称为“术士”，或称“儒”。《说文》：“儒，术士之称。”何谓“术士”呢？在春秋战国时期，“术”系一切学问技能的通称，管子、墨子和韩非子皆称贤良者为道术之士。庄子在《天下篇》中将“方术”、“道术”互文。民国初年的国学家刘师培解释说：“古代术士之学盖明习六艺以俟进用。”“术士”可被理解为一切有学术技能的人，在先秦，“术”字所看重的是治国的道术或方术，所以“术士”亦即“道术之士”。将“术”字作怪迂的方术、法术解，系流行于汉代之后，在汉代，“术士”一词几乎成了“方士”的专称。“术”与“艺”在古义是相通的，《礼记·乡饮酒义》：“古之学术道者，将以得身也。”郑玄注：“术，犹艺也。”在文献中“术”和“艺”多见搭配使用。如《列子·周穆王》中谓：“鲁之君子多术艺。”《史记·儒林传》载：“秦之季世，焚诗书，坑术士，六艺从此缺焉。”

灰陶加彩乐舞杂技俑

引自《图说中国文化·器物卷》，张国华等著，吉林人民出版社，2007年。

在生活中人们讲求艺多不压身。文的方面，琴棋书画被称为文房四艺；武的方面，人们常说十八般武艺，指能使用十八种兵器的本领，亦泛指多种武艺。现代生活中，园艺、厨艺、手工艺、棋艺……名目繁多，凡事做到精湛都堪称艺。多才多艺是对人的至高褒奖，在古代也是如此，如《尚书·金縢》："予仁若考，能多才多艺。"这是周王在祭祀时祷告说："我柔顺巧能，多才多艺，能奉事鬼神。"《论语·雍也》中季康子问孔子，冉有能从政吗，孔子回答："求也，艺。于从政乎何有？"孔子的意思是冉有多才多艺，让他从政还有什么不可以。可见，古代贤能的人首先要"多才多艺"，然后凭借"多才多艺"为众人造福，即唯才是举。

汉代马王堆汉墓中彩绘乐俑
引自《图说礼仪》，王金玲等著，重庆出版社，2008年。

"文艺青年"是继"小资"之后时下又兴起的一个身份标识。文艺本指传述和写作方面的学问。《大戴礼记·文王官人》："有隐於知理者，有隐於文艺者。"晋葛洪《抱朴子·自叙》："洪祖父学无不涉，究测精微，文艺之高，一时莫伦。"唐代的时候还曾以"文艺"作为官职名称。今天，文艺范围更为广阔，不仅指写作，还包括音乐、表演、绘画、装裱等各种文化表现。墨子强调，君子写文章、发表谈话，应以国家人民的事物为依据，必须要有利于社会，否则与日夜鸣叫的苍蝇、青蛙无疑。这一观点对当代的文艺青年也是一警示。

艺或是阳春白雪或是下里巴人，也有着等级的烙印。对有钱人来说，艺是茶余饭后才情的升华，可以曲高和寡，可以孤芳自赏；但对于穷苦人来说，艺只是解决温饱，谋生的手段而已，迎合大众是生存之道。

现代的很多艺术家认为艺术是无价的，全社会应当毫无保留地尊崇他们。但是，社会却是残酷的，当艺术家也同样面对柴米油盐的问题时，艺术家就愤懑了。其实我们回想一下那些旧社会街头卖艺者，他们中间也是卧虎藏龙，但又怎样呢。唯有以平常心对待艺术，植根于土地，万般皆是生活。

“剑”魂

在中国古代，剑是权势、才能、侠气的象征，素有“百兵之君”的美称。在文化生活中，占据了远非其他兵器所能望其项背的崇高地位。对剑的崇敬心理，至少西周就已出现，至西汉达到极致，汉以后流风余韵绵绵不绝。如今虽然这些宝剑大多实物不存，但它们的赫赫威名，亘经千年，依然掷地有声，如同贯穿古今的筋脉，鼓动着一代代中国人的灵魂，凝结沉淀了他们充满着梦幻色彩的追求和崇尚。

“剑”是一个典型的形声字，从刀佥声，始见于小篆字形劍。传说，自轩辕皇帝时代，剑就已经出现。《黄帝本纪》中有“帝采首山之铜铸剑，以天文古字铭之”的记载。从我国已经出土的实物看，最早的剑是西周早期的铜剑，距今约三千年左右。剑长27厘米，形似柳叶，装柄部分略瘦，上面纵列两个圆孔，作为装剑柄之用。这种剑的形制还很不完备，其前端尖锐、两边为有刃的扁平铜片，剑身中间没有背，也没有剑格和剑首，剑身也很短，携带时插在腰间。

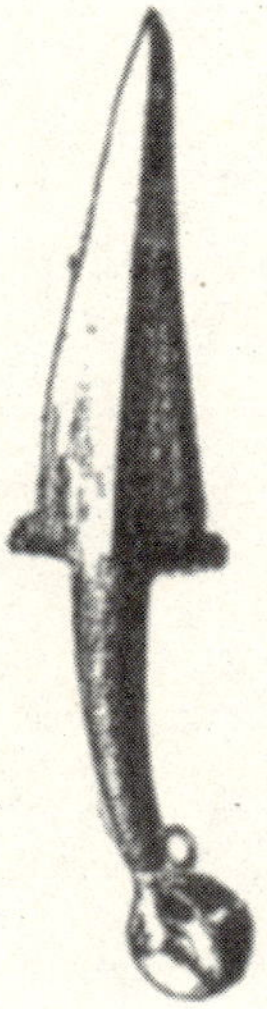

短剑

引自《中国古代兵器图说》，刘秋霖等编，天津古籍出版社，2003年。

汉代出土的铁剑大多无装饰，这些剑或是装备军队的实战兵器，或是普通人的佩器，少数有装饰甚至极其华美，则都是高官显贵的佩物。自东汉始，钢刀渐渐取代剑的实战应用，魏晋以后，剑纯粹成为一种装饰及礼器。剑在沙场上的实战作用越来越小，但在制造、加工和装饰等方面却是越来越精细，很多剑通身上下精雕细琢，镶金嵌玉，使一件兵器成为绮丽华美、价值连城的艺术珍宝。古代宝剑铸技之精湛，做工之考究，装饰之华美，令人叹为观止。

越王勾践剑

引自《图说中国文化·器物卷》，张国华等著，吉林人民出版社，2007年。

从诸多史书的制剑记载也可看出造世间第一宝剑几乎是历代制剑者的梦寐追求。为造出锋利的宝剑许多制剑者耗尽心血，《吴越春秋》记载了干将莫邪造剑的神奇传说：吴王阖闾使干将铸剑，铁汁不下。干将妻莫邪问计，干将曰："先师欧冶子铸剑，曾以女子配炉神，即得。"莫邪闻言即投入炉中，铁汁出，铸成雌雄之剑，雄为干将，雌为莫邪。这个简单的记载，叙述了一个惊心动魄的制剑的故事。《战国策·苏秦列传》："韩卒之剑戟，皆出于冥山、棠溪、墨阳、合伯膊，邓师、宛冯、龙渊、太阿，皆陆断马牛，水击鹄雁，当敌即斩坚。"其中提到的冥山、棠溪、墨阳、合伯膊等皆是地名，因出产利剑而闻名。

随着兵器的图腾化，剑也被赋予了更丰富的内涵。古人迷信于天，崇拜于天，常以天象命名自己的宝剑，显现了人们期盼上天的力量凝聚到宝剑上，使自己能拥有至高无上、玄奥莫测的威力，从而替天行道。宝剑拥有了天象的名称，也自然增添了神秘的色彩。

如紫微剑。中国古代天文学说把天上的星辰分为三垣、二十八宿和其他星座。三垣包括太微垣、紫微垣和天市垣。紫微星垣在三垣中央，位置永恒不移，有“紫微正中”之说，是天帝所居。紫微星为万星之首，代表至高、至真、至善，紫微剑因而得名。又如七星剑，其剑身近柄处饰有七星文。《吴越春秋》：“伍子胥过，解剑与渔夫曰：‘此剑中有北斗七星文，其直百金。’”在中国各民族民间信仰中最崇敬的星是北斗七星。这主要是由于人们在从事狩猎、游牧、农耕等生产及商旅等活动中，从很早就发现北斗七星有指引方向、计算时辰、辨识气象等实用功能。这是人们直观经验形成的崇拜北斗星的原因。

在以农为本的中国，龙有着神圣的地位。龙能行云布雨，因而，数千年来，备受尊崇。同时在农耕社会，铸剑也被视为神圣之举，而且剑气可以上冲斗牛，与上天之气相接，剑乃天地灵气化生凝聚而成，必要的时候，可以化而为蛟龙。历史上只有剑这一古兵器，常有变形升飞之类传说的记载。而且，这类变形，还往往跟龙的形象有关。《拾遗记》曾记载汉高祖平定天下后将所佩宝剑藏于武库，但见库中剑气如云飞出户外，状如龙蛇。《名剑记》曰：“颛顼高阳氏有画影剑、空剑。若四方有兵，此剑飞赴，指其方则克，未用时在匣中，常如龙虎啸吟。”

在先民眼里，剑还可驱除各种妖魔。传说中驱魔降妖的钟馗，总是剑不离身的。民间认为一把雕刻的桃木剑挂在房中，百邪皆退，剑文化中原始巫术的色彩逐渐突出，被诠释成为驱邪逐怪的工具。东汉以来，道教发展，真人法师们普遍选择了剑这种古代兵器为作法的道具，用以驱鬼降妖。于是，剑又成为具有神秘色彩的宗教法器。经过道教的神化与文人墨客的写意化，剑已不再是一种单纯的兵器，而被赋予了正义、正气的道德伦理色彩。唐诗人贾岛在《剑客》中的“十年磨一剑，霜刃未曾试，今日把示君，谁有不平事？”的诗句，把剑当成了追求公平公正的唯一利器。最初有侠义之举的墨家在急人所难时，除以智慧之外，还能以剑示人以武力。剑与侠的默契源自共同的风格取向。在中国古代，佩剑而行，仗剑远游，剑是江湖中人不离身之物。江湖侠客凭着腰间三尺宝剑，除暴安良、行侠仗义。剑被赋予了正义之气，成为排除不平的象征。

虽然剑不再作为实战武器活跃于历史舞台，但无论帝王将相，还是文人骚客，都一直对它情有独钟。剑修长光洁的形态颇具优雅气质，自古受到文人的特殊青睐，不仅以剑抒怀作诗咏叹，更佩带操练。佩剑也就成为男子显示仪表和风度的佩饰。《说苑・反质》描绘了“友带羽玉具剑，右带环佩，左光照右，右光照左”的佩剑形象，这一形象也被定格下来，后人争相模仿。李白终生以剑相伴，十五岁在峨嵋学剑，自称“吾家青萍剑，操割有馀闲”，“剑非万人敌，文窃四海声”。杜甫从二十岁开始挟剑浪迹天涯，表达自己“拔剑欲与龙虎斗”的气概。就连沦落在社会底层的诗人屈原也是“带长铗之陆离兮，冠切云之崔嵬”的形象。我们可以想象到古代士人、侠客在月白风清之际或小酌微醺之后，拔剑起舞的浪漫情景。

在中国，剑不是出现最早的兵器，但却是最有文化内涵的兵器。作为中国一种传统的冷兵器，剑早已超越了其物质上的意义，它更是一种文化的符号。尽管剑的实用价值和显赫军事地位，只存在于青铜时代和铁器时代初期，但剑在中国传统文化中的影响力却从未削弱。许多剑即使实物不存，它们的赫赫威名仍令我们心驰神往。从共时性的角度来看，剑寄寓着生命体验和时代精神，从历时性来看，它又积淀着民族文化心理，投射出历史的滤光。虽然随着时间的推移，剑文化中的灵异色彩不断增加，但剑文化中的正义、正气的色彩却亘古未变。

“正”义

“正”是汉字中的皇族，人们对它顶礼膜拜。电影要看正版，吃饭要坐正席，谋职要做正位，嫁人要做正房，修行要得正果。正义凛然、名正言顺、刚正不阿、风华正茂，大量的褒义词围绕着它，“正”字可谓风光无限。正宗、正统、纯正，凡是与之沾边，即登堂入室；不正经、没正形、非正统，凡是与之违忤，则立时沦为阶下囚。以致人们造出了“不正”为“歪”以示警戒。

“正当年”承载着多少人的梦想与留恋，“正中下怀”又成为多少人的心理期许。

众字们对“正”字耀目的光环难免羡慕加嫉妒，而不知“正”字所经历的残酷血腥的历史以及劳苦奔波的无奈。正是多舛的命运历练出了“正”字宏大的气场。

甲骨文“正”作，从止从口。“止”是人的脚形，口是城的初文，二者合起来会征伐城邑之意。西周金文所从口或填实作，或简化作。春秋金文或加短横为饰作。“正”是“征”的本字。上面是一个城池，下面是人的脚。脚代表着人，进言之代表着人群，再进言之代表着军队。古人用这样一种淡定的方式描绘出了一幅征战的场景，我们可以想象那个兵戈铁马的征战年代，刀光剑影，厮杀声震天。涌动在士兵心中的没有犹豫，没有退路，只有前进和征服。

征战

引自《图说中国文化器物卷》，张国华等著，吉林人民出版社，2007年。

《说文解字》对“正”字的解释是“正，是也。从止，一以止。”许慎认为“正”就是纠正，使恰当。字形采用“止”作字根，指事符号“一”表示阻止错误。许慎的解释已经是“正”字的后起义，“一以止”的说法是单纯根据小篆字形而来，这样的说解难免会出错。

《诗经·商颂·玄鸟》“古帝命武、汤，正域彼四方”，“正域彼四方”就是征伐四方的意思。“正”字所表示的征伐，一般是指正义之战，是有道伐无道，是一个褒义词。由此“正”字引申表示正义的、中正的。这样“正”就有了两个音和两个意义：平声 zhēng 是动词，表征伐义；去声 zhèng 是形容词，表示不偏斜的正中义。后来为了区别，征伐义加形符“彳”，构成形声字“征”，“正”和“征”形成了一对古今字的关系。《尚书·胤征》：“奉辞伐罪曰征。”孔颖达疏：“奉责让之辞，伐不恭之罪，名之曰征。”《孟子·尽心下》：“征者，上伐下也。”

成语“大中至正”意思是最大极致的不偏不倚的“中”，就到达“正”的境界了。出自明代王阳明《传习录》上卷：“不知先生居夷三载，处困养静，精一之功，固已超入圣城，粹然大中至正之归矣。”古代生活的方方面面由上到下都遵循着“中正”的观点。北京的正阳门俗称前门，原名丽正门，明永乐十八年（公元 1420 年）建造。得名于“圣方当阳，日至中天，万国瞻仰”的意思，是北京城内城正南方向的门，位于天安门广场南缘，前门大街北端，处在北京城的南北中轴线上。正阳门是当年全城最高的建筑，在北京城门楼中工艺也最为精湛。正阳门是北京内城的正门，封建礼制对进出城门有严格的规定，正阳门为京城正门，因而只能供皇帝的御驾出入。

北京正阳门

引自《北京微观地理笔记》，三联书店，王彬著，2007 年。

“正”字由一般的正中、正直的意义引申指人的行为品行的端正。如“正大光明”中的“正”指品行端正；“正襟危坐”中的“正”是庄重、严肃的意思。“正”字还用来表示主体，如古代由官方组织编写的历史著作被称为“正史”。又引申指学业上的嫡传派系，如“正宗”。古代的学校教学内容主要是儒家经典，儒家经典也有主有次，因而就有了“正经”和“旁经”之别，如同现代学校里的必修课和辅修课。晋葛洪《抱朴子·百家》：“正经为道义之渊海，子书为增深之川流。”后来人们把这一概念运用到了日常生活之中，“正经”成了正当、正派的代名词。

在古代，儒家讲究“席不正不坐，割不正不食”。日常生活中，古人对正衣冠非常重视，《弟子规》中有“冠必正，纽必结，袜与履，俱紧切”。孔子的弟子子路正冠而亡的故事让后人感叹不已。《史记》记述“……击断子路之缨。子路曰：‘君子死而冠不免。’遂结缨而死。”子路结缨遇难，宁死也要顾及礼仪、规矩和尊严，这是中国传统文人心中固守的信仰。在春秋时候，晋国的大臣赵宣子，屡次劝谏晋灵公。晋灵公非但不采纳，反而雇了杀手鉏麑去杀他。鉏麑大清早来到赵宣子的门口，看到赵宣子已经早早起来，穿戴整齐准备上朝，一举一动中尽显对朝廷的忠诚。鉏麑看了以后心生崇敬“不忘恭敬，民之主也”，对细微之处也会如此谨慎、恭谦的人，一定是国家的栋梁。于是这个杀手放弃了杀害赵宣子，自己触槐而死。正是应了孔子的那句话“其身正，不令则行；其身不正，虽令不从”。

引自《新闻与写作》，佚名，2005年第11期

“正”字现在读如 zhēng 时，一个重要的用法是表示“正月”。阴历一月古时本来又叫“政月”，这是因为古

代的帝王都要在一年的第一个月里接受文武百官的朝拜，并决定一年的政事。到了秦朝，由于秦始皇一月出生，取名“嬴政”，为了避讳，就把“政月”改为“正月”。

中国人在计数时，常常用笔画“正”字，一个“正”字有五画，代表5，两个“正”字就是10，以此类推。这个计数方法简便易懂。据说这种方法最初是戏园记账用的。戏院在清朝最早叫茶园，那时听戏光收茶资不卖戏票，曾一度称戏园。清末民初，戏园是人们日常生活中重要的娱乐场所。每天戏园里要迎来很多观众。可是那时候还没有门票，戏园就安排案目（即服务生）在戏院门口招徕看客，领满五位入座，记账先生便在大水牌（类似黑板）上写出一个“正”字，并标明某案目的名字。座席前设有八仙桌，看客可边品茶边看戏。稍后由案目负责计数、收费。这个方法随着戏院实行门票制而被废弃了，但是作为一种简明、易懂、方便的记数法，一直流行于民间。